Dirk Maxeiner
Hurra, wir retten die Welt!

Dirk Maxeiner

Hurra, wir retten die Welt!

Wie Politik und Medien
mit der Klimaforschung
umspringen

wjs

2. Auflage

© 2007 wjs verlag, Wolf Jobst Siedler jr. · Berlin

Alle Rechte vorbehalten,
auch das der fotomechanischen Wiedergabe

Schutzumschlag: Dorén & Köster, Berlin
Satz: Utz Zimmermann, Potsdam
Druck und Bindung: CPI Moravia Books, Korneuburg
Printed in Czech Republic

ISBN: 9-783-937989-29-7

www.wjs-verlag.de

»Glaube denen, die die Wahrheit suchen, und zweifle an denen, die sie gefunden haben.«

André Gide

Inhalt

VORWORT

I. Zwischen Himmel und Erde

DAS WUNDERSAME REICH DER STATISTIK   15

EIN OZEAN AUS LUFT   29

DIE VORHERSAGE-FABRIKEN   39

DIE ENTDECKUNG DER BESCHEIDENHEIT   51

DAS PFERDEÄPFEL-SYNDROM   60

DIE LAUNEN DES KOSMOS   69

WEDELT DER SCHWANZ MIT DEM HUND?   87

VON HEXEN UND STRADIVARIS   95

II. Zwischen Politik und Religion

DIE MENSCHHEITSRETTUNG ALS NEUE UTOPIE   101

EINE WARMZEIT VERSCHWINDET   115

EXTREM IST IMMER GENEHM   126

DAS KLIMA ALS SÜNDENBOCK   139

MIT DEN EISBÄREN AUFS GLATTEIS   147

DIE LA-OLA-WELLE   158

GESCHÄFTE MIT HEISSER LUFT   170

DIE REGENMACHER   184

DIE TREIBHAUS-MISSION   190

DAS KLEINE KLIMALEXIKON   200

WER IST WER? 25 BEKANNTE WISSENSCHAFTLER IN DER
KLIMADEBATTE   224

Vorwort

Bevor Sie dieses Buch lesen, beachten Sie bitte folgenden Warnhinweis, den ich bei Goethe entdeckt habe: »Eigentlich weiß man nur, wenn man wenig weiß. Mit dem Wissen wächst der Zweifel.« Die Folgen der anschließenden Lektüre sind deshalb irreversibel. Wenn Sie die Gleichförmigkeit der Gedanken schätzen und gerne glauben, was alle glauben, dann sollten Sie die Deckel dieses Buches spätestens jetzt zuschlagen.

Gut, liebe Leserinnen und Leser, jetzt sind wir also unter uns. Schade, dass Goethe nicht dabei sein kann, denn so jemand wie ihn könnte die Klimadebatte, die vor scheinbaren Gewissheiten ja nur so strotzt, gut gebrauchen. Der Zweifel ist ein Nagetier, das sich nur schwer vertreiben lässt. In Sachen Klimawandel habe ich es wirklich versucht. Zweifeln macht einsam, und da kommen einem schon mal Zweifel am Zweifeln. Ich habe Kongresse, Seminare und Wissenschaftler besucht, bin durch die Welt gereist und habe mich in viele dicke Bücher und hartleibige Studien vertieft. Das Ergebnis war einfach niederschmetternd: Je mehr ich über das Thema lernte, desto unsicherer wurde ich. Jedes Mal wenn ich einen neuen Raum der Erkenntnis betrat, stellte ich fest, dass dieser mindestens zehn Türen hat – und hinter jeder verbergen sich neue Fragen. Selbst auf der Suche nach einer scheinbar simplen Größe wie der Globaltemperatur stieß ich auf kein festes Fundament, sondern auf Treibsand: Es gibt nämlich nicht eine, sondern mehrere verschiedene Globaltemperaturen. Und die Gelehrten streiten heftig darüber, welche nun die richtige sei. Und wem das noch nicht reicht: Sie streiten auch darüber, ob die globale Lufttemperatur überhaupt der richtige Indikator für den Klimawandel ist. Denn die Erde ist ein Wasserplanet, vielleicht sind die Meerestemperaturen deshalb viel aussagekräftiger.

Ich weiß es nicht. Dieser Satz fällt mir schwer, seit er in der Schule meine Versetzung gefährdete. Und doch möchte ich ihn gleich zu Anfang dieses Buches aussprechen. Wie wird das Klima auf der Erde in einhundert oder zweihundert Jahren sein? ICH WEISS ES NICHT. Ich glaube auch nicht, dass ich es wissen kann. Und ganz wichtig: Ich glaube nicht, dass es überhaupt jemand wissen kann. Das ist eine Menge Unglauben auf einmal. Ich weiß. Aber keine Angst, es kommt jetzt keine Abrechnung à la »Die Klimalüge« oder »Der Klimaschwindel«. Das wäre ebenfalls eine falsche Gewissheit, nur spiegelverkehrt zum gängigen Katastrophenglauben. Zunächst einmal finde ich, dass wir uns sehr wohl um neue und saubere Energiequellen und Technologien bemühen müssen, schon aus rein ökonomischen Gründen. Denn die Schlange an der planetaren Zapfsäule wird um eine Milliarde Chinesen und beinahe ebenso viele Inder länger. Ich halte den Treibhauseffekt auch nicht für eine Erfindung des Zeitgeistes oder bezweifle, dass Kohlendioxid tendenziell zur Erwärmung der Erdatmosphäre beiträgt. Ob dieser Effekt die gegenwärtige Hysterie rechtfertigt, ist hingegen eine ganz andere Frage.

Eine Zivilisation mit 6,6 Milliarden Menschen beeinflusst das Klima auf vielfache Art. Die natürlichen Einflüsse, die in der Vergangenheit oft abrupte Klimaumschwünge einleiteten, haben jedoch nicht einfach aufgehört zu existieren, nur weil die Dampfmaschine oder das Auto erfunden wurde. Und doch erliegen viele diesem Trugschluss: Das Klima wird in der Öffentlichkeit mittlerweile als ein System wahrgenommen, das durch die Ausschaltung anthropogener Einflüsse in einen sanften Ruhezustand versetzt werden könnte. Das ist natürlich barer Unsinn. Das Klima wird sich so oder so weiterhin verändern – aus welchen Gründen auch immer. Mit all diesen Fragen beschäftige ich mich im ersten Teil dieses Buches »Zwischen Himmel und Erde«.

Glauben ist ganz einfach. Unglauben macht Arbeit. Und Ärger. Ich habe immer versucht, beidem aus dem Wege zu gehen. Das hat aber nicht geklappt. Vor 20 Jahren, ich war damals Chefredakteur einer Umweltzeitschrift, wusste ich alles noch ganz genau. Und damit war ich in guter Gesellschaft. Das Nachrichtenmagazin »Spiegel« sah ein »ökologisches Hiroshima« voraus. Und dessen Ausmaß, da waren sich auch die Kollegen von der »Zeit« sicher, »könnte allenfalls ein pathologischer Ignorant bezweifeln«. Diese Schlagzeilen meinten allerdings nicht den Klimawandel. Damals waren sich Wissenschaft und Zeitgeist mitsamt meiner Person so gut wie einig, dass große Teile des mitteleuropäischen Waldes unrettbar verloren seien. Der Wald weigerte sich allerdings standhaft, unserer Prognose zu folgen. Heute wissen wir, dass die Wälder zur Zeit der größten Hysterie sogar in der Fläche zunahmen. Der Wald dachte gar nicht daran zu sterben.

Jetzt kippt also das Klima. Und wieder sind sich alle einig. So wird zumindest behauptet. Stimmt aber nicht. Der treueste Begleiter des Wissenschaftlers ist der Konjunktiv, und wer die wissenschaftliche Literatur aufmerksam studiert, wird auf ganze Schwärme davon treffen. Das ist auch normal und gut so. Nicht gut ist die wilde Entschlossenheit von Politikern, Funktionären, Aktivisten und vielen Medien, den Konjunktiv und das Fragezeichen in dieser

Sache abzuschaffen. Die drohende Klimakatastrophe wird zu einem Überzeugungs- und Glaubenssystem, das gesellschaftlichen Sinn stiften soll. Eine von Glaubwürdigkeitskrisen geschüttelte Politik hat die Weltrettung zur neuen Utopie erkoren. Der Klimawandel kommt wie gerufen. Die Hypothese von der gefährlichen globalen Erwärmung durch Treibhausgase soll deshalb nicht einmal mehr Hypothese genannt werden dürfen. Auch dahinter steckt keine finstere Verschwörung, sondern eher so etwas wie eine La-Ola-Welle. Fußballfans und Chaosforscher kennen das Phänomen. In einem System, in dem scheinbar alles durcheinandergeht, bildet sich plötzlich eine Ordnung heraus. Wie von Geisterhand entstehen Strömungen, die sich selbst verstärken und schließlich alles dominieren.

Lassen Sie mich noch einmal Goethe zitieren: »Wenn eine Seite nun besonders hervortritt, sich der Menge bemächtigt und in dem Grade triumphiert, dass die entgegengesetzte sich in die Enge zurückziehen und für den Augenblick im Stillen verbergen muss, so nennt man jenes Übergewicht den Zeitgeist, der dann auch eine Zeit lang sein Wesen treibt.« Bedauerlicherweise entsteht dabei viel blinder Aktionismus, der mehr schadet als dass er nutzt. Immer häufiger gerät der sogenannte Klimaschutz in direkten Konflikt mit dem Umweltschutz, etwa wenn Tropenwälder für Biosprit gerodet werden. Geschäftemacher und Ablasshändler profitieren mit obskuren Projekten von der allgemeinen Hysterie. Um das Wie und Warum dieses Prozesses geht es im zweiten Teil dieses Buches »Zwischen Politik und Religion«.

Auf die Idee zu diesem Buch bin ich nicht selbst gekommen. Das Urheberrecht gebührt meinem Sohn Tim. Der fragte mir Löcher in den Bauch, weil er ein Schulreferat zum Thema »Globale Erwärmung« machen musste. Ich versuchte, ihm die Dinge so einfach zu erklären, wie es eben geht. Und da schlug er mir vor, das alles einmal aufzuschreiben, weil die meisten Menschen nämlich nichts davon wüssten. Wenn man tief in einem Thema drinsteckt, setzt man bei anderen tatsächlich oft zu viel Sachkenntnis voraus. Ich habe mich beim Schreiben dieses Buches bemüht, gar nichts vorauszusetzen. Es ist nicht für Wissenschaftler oder Fachleute geschrieben, sondern für den ganz normalen Tageszeitungsleser oder Tagesschaugucker, der sich Sorgen um das Klima und die Zukunft macht. Ich will niemanden von etwas überzeugen. Ich will aber dabei helfen, sich selbst eine Meinung zu bilden und die Dinge für sich einzuordnen. Wo wir gerade bei der Ordnung sind: Am Schluss befindet sich ein kleines Klimalexikon, in dem die wichtigsten Fragen ganz kurz beantwortet werden. Zum Nachschlagen nach der Lektüre oder auch zur Einstimmung. Es kann also gar nichts schiefgehen: Sie können dieses Buch von vorne und hinten lesen.

I. Zwischen Himmel und Erde

DAS WUNDERSAME REICH DER STATISTIK

Das Tal des Todes ist eine äußerst gefragte Gegend. Über eine Million Besucher zieht der Death-Valley-Nationalpark jedes Jahr an, fast die Hälfte davon kommt aus Deutschland. Der amerikanische Hitzepol liegt an der Grenze zwischen Kalifornien und Nevada und befindet sich fast einhundert Meter unter dem Meeresspiegel. Die Luft über dem Asphaltband der Straße flimmert und spiegelt den blauen Himmel, als warte am Horizont ein kühlender See. Wer aus seinem klimatisierten Auto steigt, hat das Gefühl, den Steinkohleofen seiner heimischen Pizzeria zu betreten.

Am 10. Juli 1913 sollen im Tal 56,7 Grad gemessen worden sein. Das galt damals als Weltrekord, konnte zum Leidwesen der Tourismusmanager aber seitdem nicht mehr übertroffen werden. Libysche und iranische Wüsten sind wohl noch ein paar Grad wärmer, aber da ist man nicht so auf Gäste eingestellt. Am nördlichen Ausgang des Death Valley in Stovepipe Wells gibt's hingegen einen schönen »General Store«, in dem man Reiseproviant einkaufen kann. Das Motel gegenüber besitzt einen Swimmingpool, über dem ein großes Thermometer thront. Darunter lassen sich die Touristen fotografieren – im Angesicht des Todes und in der Badehose.

Erstaunlicherweise lebten hier auch vor der Erfindung der Klimaanlage schon Menschen. Eine Stammesgruppe der Timbisha-Shoshone-Indianer siedelte in der feindlichen

Umgebung. Obwohl im Jahr gerade mal 40 Millimeter Niederschlag fallen, haben sich 400 Tier- und 900 Pflanzenarten den Verhältnissen angepasst. Im 19. Jahrhundert kamen weiße Minenarbeiter, die Borax für die Seifenproduktion aus dem Boden holten. Mit großen Wagen, die mit 20 Maultieren bespannt waren, wurde die Fracht aus dem Glutofen des Tales über die umgebenden Bergpässe geschafft. Das muss wirklich die Hölle gewesen sein. Es ist immer wieder verblüffend, welche klimatischen Anpassungsleistungen nicht nur die Natur, sondern auch die Menschen vollbringen können.

Das lässt sich auch in Oimjakon besichtigen, gleichsam dem Gegenpol zu Death Valley. Das Bauerndorf in Jakutien im Nordosten Sibiriens nennt sich »kältestes Dorf der Welt«. Am Ortseingang ragt ein fünf Meter hohes Denkmal in den Himmel. »Oimjakon, Polus Choloda«, Pol der Kälte, steht in kyrillischen Buchstaben zuoberst darauf, und es folgt der Hinweis »minus 71,2 Grad«. Die Weltrekordmarke stammt aus dem Jahre 1926. Die ist zwar umstritten, weil es damals im Ort noch gar keine Wetterstation gab. Dennoch: Acht Monate dauert hier der Winter, und im Januar liegt die Durchschnittstemperatur trotz des Klimawandels bei 50 Grad minus. Jetzt soll – Death Valley lässt grüßen – der Kältetourismus den 800 Einwohnern ein wenig mehr Wohlstand bringen.

Die Bürgermeisterin empfängt jeden Gast, der es tatsächlich nach Oimjakon schafft, persönlich zur Audienz und überreicht ihm eine Urkunde, die den Besuch im kältesten Dorf der Welt amtlich verbrieft. Im Dorfladen kauft man Milch nicht in Litern, sondern in Zentimetern. Die Verkäuferin fräst das gewünschte Stück einfach aus einem gefrorenen Milchblock. Kühe gibt es keine, denn sie würden erfrieren; die halbwilden Pferde der Einwohner aber überleben auch ohne schützenden Stall. Sie wurden vor 500 Jahren von den Mongolen hierher gebracht und dienen nicht nur als Fortbewegungs-, sondern auch als Lebensmittel. Der Meteorologe Valera Vinokurov, der im Dorf geboren wurde, ist viel in der Welt herumgekommen, möchte aber nirgendwo anders leben: »Wer weggeht, kehrt früher oder später wieder zurück.«

Das Klima prägt uns Menschen bis tief in die Psyche hinein, bestimmt mit über Lebensfreude, Lebensstil und Lebensart. Und das Erstaunliche dabei: Was den einen höchst bedrohlich erscheint, ist für die anderen schlichtweg der Normalfall. Die Shoshone-Indianer fühlen sich ihrer Heimat genauso verbunden wie die Jakuten in Sibirien. Zwischen beiden Regionen kann das Temperaturgefälle schon mal über 100 Grad betragen – und doch geht das Leben seinen jeweils gewohnten Gang.

Bevor das »Globalklima« die Schlagzeilen eroberte, verstanden die Menschen unter dem Begriff »Klima« jene unterschiedlichen meteorologischen Bedingungen, die das Leben einer Region seit alters her geprägt haben. Das Wort stammt aus dem Griechischen und heißt übersetzt »Neigung, geografische Lage«. In niederen Breiten ist der Neigungswinkel der Sonne steil, in höheren dagegen flach. Dieser unterschiedliche Einfallswinkel ist ein Hauptgrund dafür, dass es auf der Erde verschiedene Klimazonen gibt. Aristoteles schrieb dem Klima die Überlegenheit der Griechen über die Barbaren zu. So wie auch heute noch viele glauben, das jeweils eigene Klima sei dem fremder Landstriche überlegen. Allerdings halten Aussagen wie die, dass ein milderes Klima tolerantere und fleißigere Menschen hervorbringe, einer Überprüfung nicht stand. Der Soziologe Nico Stehr sieht darin »jahrhundertealte Behauptungen und Vorurteile«.

Die Wiege der Menschheit liegt in den Tropen; wir sind eine wärmeliebende Spezies. Mobilität und moderne Kommunikationsmittel erlauben es immer mehr Menschen, sich die klimatischen Bedingungen auszusuchen, unter denen sie leben. Migrationsströme von Klimaflüchtlingen sind längst im großen Stil im Gange – allerdings freiwillig. So haben sich viele Millionen Amerikaner in den vergangenen Jahrzehnten in den warmen südlichen Staaten angesiedelt, Nord- und Mitteleuropäer erwarben Häuser in Spanien, der Provence oder der Toskana.

In der modernen naturwissenschaftlichen Debatte wird Klima ganz nüchtern definiert. Klima ist die Statistik des Wetters. Der Begriff bezieht sich auf einen längeren zeitlichen Mittelwert von Einflussgrößen wie Temperatur oder Niederschlag. Während jedermann das tägliche Wetter spüren und empfinden kann, handelt es sich beim Begriff Klima um ein Hilfsmittel, das der Wissenschaft die Beschreibung von langfristigen Veränderungen ermöglichen soll. Dafür werden Temperaturen, Niederschläge, Luftfeuchtigkeit, Sturmhäufigkeit und dergleichen über einen Zeitraum von mindestens 30 Jahren gemittelt. Die meisten Klimabetrachtungen erstrecken sich aber über Jahrhunderte, Jahrtausende oder noch längere Zeiträume. Aus Abweichungen vom langfristigen Mittel lesen Klimaforscher Trends ab, etwa den Übergang von einer Warmzeit in eine Kaltzeit, wie er sich etwa in den letzten tausend Jahren zwischen dem warmen Mittelalter und der folgenden »kleinen Eiszeit« ereignet hat.

Es gibt bei den Klimabetrachtungen aber nicht nur verschiedene zeitliche, sondern auch verschiedene regionale Skalen und Ebenen: Das Mikroklima beschreibt die Bedingungen auf kleinsten Flächen, beispielsweise von Wald oder Wiese. Das Mesoklima bezieht sich auf Landschafts- und Geländeformen, beispielsweise Wüsten oder Hochgebirge. Das Makro- oder Globalklima schließlich repräsentiert kontinentale und weltumspannende Zusammenhänge.

Doch diese verschiedenen Klimatypen ziehen keineswegs immer an einem Strang, wie man glauben könnte, manchmal entwickeln sie sich auch völlig gegensätzlich. Dafür ein einfaches Beispiel: Einmal angenommen, der Leser dieser Zeilen steht barfuß in einer deutschen Wiese. Dann wird er womöglich Zeuge zweier gegenläufiger Klimate. Denn unten, wo seine Zehen das Gras fühlen, hat sich das Klima unter Umständen ganz anders entwickelt als oben, wo seine Lunge die Landluft einatmet. In Brusthöhe (wo die Wetterhäuschen angebracht sind) wird vielerorts ein Erwärmungstrend verzeichnet. Das ist das Makroklima. Anders das Mikroklima ganz unten (wo Kleintiere leben oder Vögel nisten): Wegen der Überdüngung mit Nährstoffen aus Landwirtschaft und Abgasen wächst die Bodenvegetation oft früher und dichter, weshalb dort ein kälteres und feuchteres Ambiente herrscht.

Doch obwohl solche Details für die konkreten Lebensbedingungen von Mensch und Natur sehr wichtig sein können – und sich in ihrer Summe auch global auswirken – interessiert sich die Öffentlichkeit kaum dafür. Fast die gesamte Aufmerksamkeit ist heute auf das sogenannte »Globalklima« gerichtet. Und das hat wohl nicht nur wissenschaftliche, sondern auch kulturelle Gründe. Die Globalisierung geht für viele Menschen einher mit der Vorstellung einer homogenisierten Welt (obwohl die Unterschiede zwischen Gesellschaften und Kulturen tatsächlich ungeheuer groß geblieben sind). Im Gefolge dieses Gefühls scheint vielen Menschen ein globales Klima leichter vorstellbar als vorherigen Generationen. Eine große Rolle spielt dabei auch eine berühmt gewordene Fotografie: Als das Apollo-Programm 1969 die ersten Bilder aus dem All sendete, wurde das Foto des blau leuchtenden Planeten im schwarzen All schnell zur ökologischen Ikone. Das Bild symbolisiert das Motto »Wir sind eine Welt«. Aus der Distanz verschwimmen die Unterschiede, auch die klimatischen. Death Valley und Oimjakon sind da plötzlich gleich.

Das Globalklima wurde zum Globalthema, wobei Medien und Politik vor allem eine plakative Kenngröße im Auge haben: Die Globaltemperatur. Das ist insofern erstaunlich, als sie ein statistisches Artefakt ist und nirgendwo tatsächlich herrscht. Sie lässt sich mit dem globalen Durchschnittseinkommen vergleichen, das ja auch niemand wirklich bezieht. Beide Größen sind für die Wissenschaft hilfreich, um grundsätzliche Entwicklungen auf dem Planeten darzustellen (nur haben sie mit dem konkreten Leben der Menschen nicht unbedingt viel zu tun). Insgesamt soll sich die Globaltemperatur gegenüber der zweiten Hälfte des 19. Jahrhunderts um etwa 0,7 Grad erhöht haben.

Schon der »Entdecker« des Treibhauseffekts, der schwedische Chemie-Nobelpreisträger Svante Arrhenius, versuchte sich zu Beginn des 19. Jahrhunderts an einer groben Schätzung der »Weltmitteltemperatur«. Er kam auf 15 Grad und lag damit gar nicht schlecht. In diesem Bereich bewegen sich auch heutige Angaben. Es gibt allerdings nicht nur eine Globaltemperatur, sondern viele verschiedene – je nachdem, wer sie mit welchen Methoden ermittelt. Am häufigsten werden die Angaben der britischen Climate Research Unit (CRU) und des Goddard Institute for Space Studies (GISS) der Nasa zitiert. In der Regel werden keine absoluten Zahlen für die Globaltemperatur genannt, sondern nur die Abweichungen gegenüber einem 30-jährigen Mittelwert (nicht immer wird dafür der gleiche Zeitraum genommen, was die Sache zusätzlich verkompliziert). Die Climate Research Unit beispielsweise zieht die Periode von 1961 bis 1990 heran. Deren langfristiges Mittel lag bei 14,0 Grad. 2005 wich davon um 0,48 Grad ab, dies ergibt 14,48 Grad. Das Jahr 2006 lag mit 14,42 Grad etwas darunter.

Es ist für die Wissenschaft ein äußerst schwieriger Prozess, diese Angaben überhaupt hieb- und stichfest zu machen. Die täglich von jedermann erlebten Temperaturschwankungen sind mehr als hundertmal größer (ganz zu schweigen von dem Unterschied zwischen Death Valley und Oimjakon). Und noch eine Überraschung halten die Daten bereit. Der Planet durchläuft jedes Jahr eine erhebliche Schwankung der Globaltemperatur. Sie ist nicht – wie man erwarten könnte – relativ konstant, weil sich Winter und Sommer auf der Nord- und Südhalbkugel ausgleichen würden. Stattdessen folgt der Durchschnittswert dem Rhythmus der Nordhalbkugel. Nach Angaben der amerikanischen National Oceanic and Atmospheric Administration (NOAA) durchläuft der Planet zwischen Januar und Juli Jahr für Jahr eine globale Erwärmung von etwa vier Grad.

Um den Globus herum stehen einige Tausend Messstellen an Land und auf Schiffen zur Verfügung. Jede Station errechnet aus mehreren Messungen über 24 Stunden eine durchschnittliche Tagestemperatur, aus der dann über 365 Tage die Jahresmitteltemperatur generiert wird. Die Werte von Nord- und Südhalbkugel, auf dem Land und auf dem Meer, werden zusammengenommen und wiederum gemittelt. Das Ergebnis ist die Globaltemperatur.

In Wahrheit ist es noch komplizierter, denn zahlreiche Probleme sind zu bewältigen: Messstationen auf den Ozeanen sind bei weitem nicht so dicht gesät wie an Land und meist nicht an einem festen Ort. Auch an Land konzentrieren sich die Messstellen in gut zugänglichen Gegenden; in der Sahara, der Antarktis und dem Tropenwald dagegen gibt es nur wenige Stationen. Mit dem Ende des Kalten Krieges wurden vor allem in der Sowjetunion viele militärische Messstationen geschlossen, was die heutigen Angaben aus dieser Region nur noch bedingt vergleichbar macht. Ehemals in ländlichen Regionen installierte Thermometer wurden von städtischer Bebauung eingeholt. Städte bilden die temperaturverfälschenden »Hitzeinseln« und können mehrere Grad wärmer sein als das Umland, was man herauszurechnen versucht.

Mithilfe der Nasa-Satelliten »Terra« und »Aqua« wurden unlängst die Temperaturen direkt am Boden ermittelt. Die Oberfläche von Straßen und Hausdächern war erwartungsgemäß am heißesten, Gebiete mit dichter Vegetation deutlich kühler. Der Erdboden von Baumplantagen zeigte sich mitunter 30 Grad kühler als die karge Umgebung (ein Kühleffekt, der im Übrigen sehr für die Begrünung von Städten und Hausdächern spricht). Aber auch auf äußerlich einheitlichen Feldern gab es ganz erstaunliche Temperaturschwankungen. Grundwasser sorgt für eine deutliche Abkühlung, aber auch verschiedene Sorten von Dünger ziehen eine unterschiedliche Erwärmung nach sich.

Manchmal sind es haarsträubende Kleinigkeiten, die die Meteorologen verunsichern. So wurden die Wetterhäuschen früher mit weißer Kalkfarbe gestrichen. Inzwischen ist man auf andere Anstriche umgestiegen. Doch die absorbieren infrarotes Licht – also Wärmestrahlung –, anstatt sie zu reflektieren, und könnten die Temperaturen so verfälschen. Seit einiger Zeit gibt es auch Messungen, die nicht in Bodennähe, sondern von Satelliten und Wetterballonen in den unteren Luftschichten der Troposphäre vorgenommen werden. Beide zeigen im Schnitt der vergangenen Jahrzehnte eine geringere Erwärmung als die traditionellen Messverfahren.

Wer sich etwas intensiver mit der Klimamaterie beschäftigt, kommt so immer wieder zu der Erkenntnis: Nichts ist so klar, wie es auf den ersten Blick scheint oder behauptet wird. Schon eine vermeintlich ganz einfache Sache wie die Ermittlung der Globaltemperatur entpuppt sich als hoch kompliziertes Verfahren mit tausend Fragezeichen.

Die regionale und zeitliche Aufschlüsselung der weltweiten Messungen birgt dann weitere Überraschungen. So ist die globale Erwärmung erstaunlich lokal. Schon die getrennte Betrachtung von Nord- und Südhalbkugel offenbart das. Etwa drei Viertel der Erwärmung der vergangenen 30 Jahre entfallen auf die nördliche Hemisphäre. Die Südhalbkugel, die zum überwiegenden Teil von Meeren bedeckt ist, zeigt nur sehr moderat steigende Temperaturen. Eine Analyse der Erwärmungsmuster auf der Nordhalbkugel ergab, dass über zwei Drittel der Erwärmung der vergangenen 50 Jahre im Winter stattgefunden haben. Und beinahe 80 Prozent dieses winterlichen Temperaturanstiegs konzentrieren sich auf die kältesten Gebiete Nordamerikas, Sibiriens und des arktischen Meeres, wo die Temperaturen in der Polarnacht 40

Grad und mehr unter dem Gefrierpunkt liegen (es ist dann nicht mehr ganz so kalt, Oimjakon lässt grüßen). Auf die winterliche Erwärmung dieser Gebiete – und damit auf nur einen kleinen Bruchteil der Fläche der Nordhalbkugel – entfällt etwa die Hälfte der gesamten Erwärmung.

Das Phänomen lässt sich mit einem einfachen Beispiel verdeutlichen: Man stelle sich ein Haus vor, bei dem es im Keller minus 20 Grad kalt ist und unter dem Dachboden plus 20 Grad warm. Als Durchschnittstemperatur ergäbe sich null Grad. Wenn die Temperatur im Keller nun auf nur noch zehn Grad minus steigt, dann ergibt sich daraus eine durchschnittliche Erwärmung des Hauses um fünf Grad. Was nichts daran ändert, dass im Keller immer noch Dauerfrost herrscht. Auch in unseren Breiten haben mildere und kürzere Winter sowie weniger kühle Sommernächte einen größeren Anteil an der Erwärmung als etwaige Hitzerekorde. Es ist vor allem weniger kalt.

Das Beispiel zeigt auch, dass die Globaltemperatur zwar eine hohe symbolische Bedeutung hat, ihr Aussagewert aber begrenzt ist. Das Klima könnte sich nämlich komplett auf den Kopf stellen, ohne dass sich die Durchschnittstemperatur im Geringsten ändert. Dafür ein extremes Beispiel: Wenn Death Valley und Oimjakon die Temperaturen tauschen, dann bleibt die Globaltemperatur die gleiche, und doch würden wir wohl auf einem anderen Planeten leben.

»Globale Erwärmung« und »Klimawandel« sind nicht das Gleiche. »Das Klima auf der Erde kann sich – egal ob aus natürlichen oder vom Menschen verursachten Gründen – erheblich verändern, ohne dass dies mit einer globalen Erwärmung oder Abkühlung einhergeht«, sagt der amerikanische Meteorologe Roger A. Pielke Sr. Weniger die absolute Durchschnittstemperatur als vielmehr das Temperaturgefälle zwischen den einzelnen Erdteilen treibt die Klimamaschine an. Die Sonne heizt die Räume der Erde sehr unterschiedlich. Weil die Sonne viel senkrechter über ihnen steht, bekommen die Tropen mehr Wärme ab als die Pole. Und an dieser Stelle kommt eines der fundamentalen Naturgesetze ins Spiel: Der Wärmetransport erfolgt immer von einer warmen zu einer kalten Region. Wer kalte Füße hat und eine Wärmflasche unter die Bettdecke legt, kann das prima nachvollziehen: Wärme fließt von der Flasche zu den kalten Füßen – und niemals umgekehrt (am Schluss sind beide lauwarm). Diese alltägliche Beobachtung folgt dem »zweiten Hauptsatz der Thermodynamik«. Ihm verdanken wir es auch, dass mithilfe von Wärme mechanische Energie erzeugt werden kann. Stellen Sie sich dafür eine sehr große Wärmflasche und ein Paar Riesenfüße, sagen wir mal im Abstand von 100 Metern, vor: Mit der dazwischen entstehenden Luftströmung könnte man ein Windrad antreiben.

Wenn man so will, ist der Äquator die Wärmflasche des Planeten und die Pole sind seine kalten Füße. Die Wärmeströme der Atmosphäre und der Ozeane arbeiten unablässig. Sie lassen Wasser verdunsten und bilden Wolken, schicken Regentropfen oder Schnee auf die Reise, entfesseln Sandstürme und türmen Wellen auf. Auch Segelschiffe, Windräder und Wasserkraftwerke werden davon angetrieben.

Atmosphäre und Ozeane sind bestrebt, Wärmeunterschiede auszugleichen. Da die Sonne stets neuen Wärmenachschub liefert, die Pole aber auch im Sommer kaum null Grad erreichen, bleibt die Sache stets schön in Schwung.

Je nachdem ob der Temperaturunterschied zwischen dem Äquator und den Polen größer oder kleiner wird, arbeitet die Klimamaschine langsamer oder schneller. Dann verteilt sich die Wärme auf dem Globus räumlich anders und es kommt ein verändertes Klima heraus.

Das regional veränderte Verteilungsmuster von Wärme ist in diesem Fall der Antreiber des Klimas – und kein globaler Temperatursprung. Und weil in den Ozeanen sehr viel mehr Wärme gespeichert ist als in der Luft, hält beispielsweise Roger Pielke die Temperaturmischung in den Weltmeeren in Sachen Klima für sehr viel aussagekräftiger als die in der Atmosphäre. Alleine in den obersten drei Metern der Meere ist so viel Wärme enthalten wie in der darüberliegenden Luftsäule bis in 100 Kilometer Höhe.

Auch andere Wissenschaftler kritisieren die starke Fixierung auf die globale Lufttemperatur, weil ein solcher Durchschnittswert den Sachverhalt mehr verschleiere als verrate. »Das ist ungefähr so sinnvoll, wie aus dem Telefonbuch einer Stadt die durchschnittliche Telefonnummer zu bilden«, meint Bjarne Andresen, Thermodynamik-Experte und Professor am Niels-Bohr-Institut in Kopenhagen. Sein französischer Kollege Marcel Leroux, Meteorologe und Klimaforscher, wertet seit Jahrzehnten Satellitenbilder aus und hat dabei räumlich veränderte Luftströmungen zwischen dem Nordpol und dem Äquator festgestellt. Demzufolge könne seit den siebziger Jahren mehr Warmluft vor allem in die Packeisregion auf der europäischen Seite der Arktis vordringen. Das sei aber keine Folge der globalen Erwärmung, sondern einer sehr unterschiedlichen Temperaturentwicklung in der Arktis selbst. In einigen Regionen entstünden sogar vermehrt Kaltluftlinsen, die die eigentliche Ursache für die veränderten Wege der Wärmeströmung seien. Leroux: »Die Mittelwerte verbergen gegenläufige Temperaturtrends in verschiedenen Teilen der Welt.«

Hinter der Auseinandersetzung stehen zwei sehr unterschiedliche Philosophien. Auf der einen Seite arbeiten häufig Physiker und Mathematiker, die das Klima numerisch beschreiben und in ihre globalen Computerkreislaufmodelle eingeben. Sie beherrschen derzeit den Klimadiskurs und beobachten vor allem die durchschnittliche Betriebstemperatur der thermodynamischen Maschine. Solange die eingefangene Sonnenenergie die Erde auch wieder verlässt, bleibt die Temperatur stabil – und wenn dies nicht der Fall ist, dann leuchtet die rote Warnlampe auf.

Auf der anderen Seite argumentieren häufig Meteorologen und Geologen, die eine andere Konzeption verfolgen. Sie beobachten die Einzelteile der Maschine und weisen darauf hin, dass die durchschnittliche Betriebstemperatur nicht allzu viel über eventuelle Motorstörungen verrate. Mit den Modellen könne man zwar Korrelationen zwischen statistischen Mittelwerten herstellen, nicht aber Ursache und Wirkung eines Prozesses auseinanderhalten. Es sei praxisfremd und bringe wenig Erkenntnisgewinn, so argumentieren sie, die verschiedenen Klimaten auf der Welt in einen Topf zu werfen und ein fiktives Globalklima daraus zu machen.

Anstatt von einem artifiziellen Durchschnittsklima auf regionale Veränderungen zu schließen, solle man genau umgekehrt vorgehen. Eine intensivere Erforschung der je nach Region unterschiedlichen Klimaten (und der jeweiligen natürlichen und menschlichen Einflüsse darauf) sei für die Menschen viel wichtiger – und erlaube darüber hinaus auch eine zuverlässigere Einschätzung des globalen Wandels. Verschiedene Klimate wie in Death Valley oder Oimjakon bestimmen nach ihrer Ansicht das Globalklima – und nicht umgekehrt. Die Grenzen zwischen Philosophie und Wissenschaft sind in der scheinbar so nüchternen Klimaforschung durchaus fließend. Es kommt ganz darauf an, wie man das Foto des Blauen Planeten aus dem All betrachtet.

Ein Ozean aus Luft

Am 16. August 1960 fiel in New Mexiko ein Mann vom Himmel. Er hatte eine lange Reise hinter sich und fiel 31 330 Meter tief. Er fiel vier Minuten und 36 Sekunden lang und erreichte über 1000 Stundenkilometer. Es war der größte Sprung, den ein Mensch jemals gemacht hat. Nachdem sich sein Fallschirm geöffnet hatte, schwebte Captain Joseph W. Kittinger wohlbehalten auf die Erde. Intensiver als er hat noch nie ein Mensch die Erdatmosphäre besichtigt. Ausgestattet mit einem Druckanzug hatte ihn zunächst ein gewaltiger Heliumballon mit dem Namen »Excelsior III« nach oben befördert, viermal so hoch wie der Mount Everest. Erst durch die Troposphäre und über die Wolken, dann hinein in die Stratosphäre. Zügig ging es über die Gipfelflughöhe moderner Verkehrsflugzeuge, dann hinein in die Ozonschicht und wieder hinaus. Schließlich wurde es um ihn herum am helllichten Tage dunkel, weil das Licht der Sonne nicht mehr zerstreut wird. Er sah das Blau des Himmels von oben.

Dieses Blau des Himmels ist kein Marketing-Trick des lieben Gottes, sondern eine Lebensversicherung. Der irdische Sauerstoff absorbiert das weiße Licht der Sonne dergestalt, dass die blauen Wellenlängen übrig bleiben. Ohne Sauerstoff in der Atmosphäre leuchtete unser Planet nicht blau, sondern hellrot. Und die Ozeane wären hellbraun (nicht eben verlockend für außerirdische Touristen). Vor etwa dreieinhalb Milliarden Jahren lernten Bakterien, aus Sonnenlicht, Wasser und Kohlendioxid chemische Energie und – als Abfallprodukt – Sauerstoff herzustellen. Inzwischen haben auch Pflanzen und Algen den Dreh herausgefunden.

Das Verfahren war eine ziemlich revolutionäre Erfindung, die wir Fotosynthese nennen und der wir unser Leben verdanken. Alle Nahrungsmittel und die gesamte Biomasse des Planeten entstammen dieser gewaltigen Fabrik, auch die fossilen Brennstoffe sind gebunkerte Hinterlassenschaften der Fotosynthese. Kohlendioxid ist ein integraler Bestandteil des gigantischen irdischen Produktionskreislaufes, weshalb man es nicht einfach verbieten kann. Der Mensch ist ja selbst eine Verbrennungsmaschine. Schon wenn er den Brennwert seines Frühstücks umwandelt, emittiert er Kohlendioxid. In Flüssigkeiten perlt das Spurengas nach oben: Ohne Kohlendioxid gäbe es keinen Sekt, kein Selters und auch kein Weizenbier. Kohlendioxid ist kein klassischer »Schadstoff« und hat nichts – wie viele glauben – mit »Umweltverschmutzung« zu tun.

Aus der trockenen und warmen Luft in New Mexiko war Captain Kittinger wie in einem Fahrstuhl aufgestiegen. Statt auf die Stockwerksanzeige, musste er nur auf das Thermometer schauen: Bis in zwölf Kilometer Höhe sinkt die Temperatur kontinuierlich um rund 6,5 Grad pro tausend Meter bis unter minus 60 Grad. Nach dem Übergang in die Stratosphäre kehrt sich das um und es wird wieder etwas milder. Die Grenze zwischen Troposphäre und Stratosphäre ist aber nicht überall gleich: An den Polen liegt sie bei nur acht Kilometern Höhe, am Äquator bei 18 Kilometern. Am Gipfelpunkt von Kittingers Rekordfahrt in über 30 Kilometern Höhe herrschen etwa minus 40 Grad. Je höher hinaus, desto dünner wird die Luft, weil die Erdanziehung abnimmt. Captain Kittinger war schließlich dort oben ausgestiegen und kopfüber wie ein Turmspringer in den Ozean aus Luft gesprungen, der unter ihm lag.

Kittingers Ausflug war kein Extremsport (den Ausdruck kannte man damals noch nicht), sondern Teil eines wissenschaftlichen Projektes. Die amerikanische Luftwaffe wollte herausfinden, welchen Belastungen Menschen am Rande der Atmosphäre ausgesetzt sind. Ultraviolette und kosmische Strahlung prasselten ungestüm auf Kittingers Schutzanzug ein. Dann tauchte er ab in die Atmosphäre, wie ein Flüchtling im Fernsehthriller, der sich durch einen Kopfsprung ins Wasser den Kugeln seiner Verfolger entzieht. Die Atmosphäre schwächt die kosmische Strahlung ab und sortiert mit ihrer Ozonschicht einen großen Teil der ultravioletten Strahlung aus. Für das Wetter und das Klimageschehen ist vor allem die unterste Schicht, die Troposphäre, von Bedeutung. Hier finden sich 90 Prozent der gesamten Luft. Sie wird auch »Wetterschicht« genannt. Kittinger war gefallen, etliche Minuten, Hunderte von Sekunden, Aberhunderte von Herzschlägen lang. Dann hatte er unten am Grunde des Luftozeans seinen Fallschirm geöffnet und war dorthin herabgeschwebt, wo vor Milliarden von Jahren das Leben des Planeten begonnen hatte.

Im Laufe der Erdgeschichte hat sich die Zusammensetzung der Atmosphäre immer wieder verändert. Heute enthält sie etwa 78 Prozent Stickstoff, 21 Prozent Sauerstoff und knapp ein Prozent Argon. Spurengase wie Wasserdampf, Kohlendioxid, Methan, Lachgas und Ozon kommen nur in vergleichsweise geringen, teilweise winzigen Mengen vor. Und doch spielen sie eine große Rolle. Am Anfang des 19. Jahrhunderts arbeitete der französische Mathematiker Jean-Baptiste Fourier an einer »analytischen Theorie der Wärme« und war auf eine knifflige Frage gestoßen. Es war auf der Erde wärmer, als es nach seinen Berechnungen eigentlich hätte sein sollen. Er folgerte daraus, dass die von der Erde abgegebene Wärmestrahlung teilweise in der Atmosphäre zurückgehalten werden müsse. Das verglich er mit dem wärmenden Effekt einer Glasscheibe, die über ein Pflanzenbeet gehalten wird. Das war die Geburtsstunde des »Treibhauseffekts«. Das Bild ist zwar physikalisch nicht ganz korrekt, hat sich aber eingebürgert.

Obwohl das Copyright eigentlich Jean-Baptiste Fourier gebührt, gilt heute ein anderer als »Vater des Treibhauseffektes«: der schwedische Chemie-Nobelpreisträger Svante Arrhenius. Ende des 19. Jahrhunderts entdeckte er, dass Spurengase in der Atmosphäre diesen Effekt bewirken – unter anderem das Kohlendioxid. Es wirkt wie ein Absorber für infrarotes Licht, also für Wärmestrahlung. Die Industrialisierung war in vollem Gang, überall rauchten Schlote und dampften Maschinen. Arrhenius folgerte daraus, dass der Mensch den Kohlendioxidanteil der Luft erhöhen werde und es in Zukunft wärmer als von Natur aus werden müsste. Wobei er keine Katastrophe beschwor, sondern eher das Gegenteil: »Der Anstieg des CO_2 wird zukünftigen Menschen erlauben, unter einem wärmeren Himmel zu leben.« Arrhenius berechnete, dass eine Verdoppelung des Kohlendioxidgehaltes die Durchschnittstemperatur auf der Erde um fünf bis sechs Grad erhöhen würde. Allerdings glaubte er, dass bis dahin noch mehrere Jahrhunderte vergehen würden. Doch die Emissionen stiegen schneller, als sich Arrhenius das vorstellen konnte.

Bei der heutigen Klimadiskussion ist deshalb nicht der natürliche Treibhauseffekt gemeint, sondern eine Verstärkung des Phänomens durch den Menschen. Deshalb spricht man auch vom »anthropogenen« Treibhauseffekt. Zum Leidwesen der Wissenschaft lassen sich die beiden aber gar nicht so leicht auseinanderhalten. Ohne den natürlichen Treibhauseffekt würde der Planet nicht 15 Grad warm, sondern minus 18 Grad kalt sein. Er erwärmt die Erde also um etwa 33 Grad. Tatsächlich ist die Sache noch komplizierter: »Würde der natürliche Treibhauseffekt ungedämpft wirken«, sagt der Nasa-Klimaforscher Roy Spencer, »so wäre die Erde rund 55 Grad heiß.« Die Natur hat in Form von Verdunstung und Wetterprozessen offenbar ein Kühlsystem installiert, das bis heute kaum verstanden ist.

Eine Verdoppelung des Kohlendioxidanteils gegenüber der vorindustriellen Zeit würde den natürlichen Treibhauseffekt nach heutiger Einschätzung um etwa 2,5 Prozent verstärken. Für den Fall einer Verdoppelung der Kohlendioxidkonzentration ergäbe sich also eine direkte zusätzliche Treibhauswirkung von nicht einmal einem Grad. Wie kommen dann Prognosen zustande, die für diesen Fall einen Temperaturanstieg um mehrere Grad voraussagen? Dem liegt folgende Hypothese zugrunde: Die ursprüngliche leichte Erwärmung durch Kohlendioxid lässt mehr Wasser verdunsten, und der zusätzliche Wasserdampf lässt die Temperaturen dann noch mehr steigen. Die Wissenschaftler nennen dies eine »positive Rückkoppelung«.

Mindestens zwei Drittel des natürlichen Treibhauseffektes gehen nämlich auf das Konto von Wasserdampf, dem mit großem Abstand wichtigsten Treibhausgas. Kohlendioxid und (in geringerem Ausmaß) Gase wie bodennahes Ozon oder Methan teilen sich lediglich den Rest. Es ist auch weniger die – unstrittige, aber relativ geringe – Treibhauswirkung des Kohlendioxids selbst als vielmehr die Vermutung eines erheblichen Verstärkungseffektes durch Wasserdampf, auf der das gängige wissenschaftliche Gebäude aufbaut.

Theoretisch-physikalisch ist dieser Prozess klar: Je mehr man einen Topf mit Wasser erhitzt, desto mehr Dampf steigt auf. Doch ist die Atmosphäre keine Garküche. Der durchschnittliche Wasserdampfgehalt der Atmosphäre ergibt sich aus der Balance von Verdunstung und Niederschlag – und dieser Prozess ist voller Geheimnisse. Was tatsächlich in dem komplexen Ping-Pong-Spiel der Atmosphäre abläuft, weiß bis heute kein Mensch so richtig. Und in diesem entscheidenden Punkt liegt auch die Achillesferse aller gängigen Klimamodelle und Prognosen. Das Verhalten des Wasserdampfes und die Wolkenbildung sind kaum verstanden und können auch nicht im Rechner simuliert werden. Verschiedene Wolken in verschiedenen Höhen können wärmende Wirkung (positive Rückkoppelung), aber auch kühlende Wirkung (negative Rückkoppelung) haben. Was bei den teilweise gegenläufigen Temperatureffekten unter dem Strich herauskommt, ist schwer zu sagen. Wie groß die Unsicherheit ist, zeigen die Temperatur-Hochrechnungen für den Fall einer Verdoppelung des Kohlendioxids. Sie liegen laut dem aktuellen UN-Klimabericht zwischen 2 und 4,5 Grad Erwärmung, schwanken also beinahe um den Faktor drei. An der oberen Grenze dieser Spannbreite bewegte sich die Kalkulation von Arrhenius schon vor 100 Jahren (man ist sich seiner Sache seitdem also gar nicht so viel sicherer).

Allerdings können die Prognosen langsam, aber sicher mit der Realität abgeglichen werden. Die Kohlendioxidkonzentration ist seit der vorindustriellen Zeit um etwa ein Drittel angestiegen, von etwa 0,029 Prozent auf heute 0,038 Prozent. Die Funktion des Kohlendioxids ist logarithmisch (wollte man seine zusätzliche Wirkung noch einmal verdoppeln, müsste man den Kohlendioxidgehalt bereits vervierfachen, dann verachtfachen und so weiter). Seine Wirkung steigt also nicht linear an, sondern jede zugefügte Einheit des Treibhausgases hat eine geringere Wirkung als ihre Vorgängerin. (Genau wie bei einem Treibhaus, bei dem es irgendwann nichts mehr bringt, noch dickere Scheiben zu installieren). Klimaforscher Richard S. Lindzen vom Massachusetts Institute of Technology (MIT) hat die Wirkung der verschiedenen, seit der Industrialisierung bereits ausgestoßenen Treibhausgase addiert. Danach haben wir bereits drei Viertel des Treibhauseffektes, den eine CO_2-Verdoppelung bringen würde. Die tatsächliche Temperaturerhöhung ist aber weit von den Prognosen entfernt: »Nach den derzeitigen Modellen sollte dies zu einem Temperaturanstieg zwischen 1,5 und 4,5 Grad Celsius führen. In Wirklichkeit haben wir bisher nur 0,55 bis 0,75 Grad beobachtet.« Lindzen fügt noch hinzu: »Und diese Erwärmung ist nicht einmal stetig: Zwischen 1940 und 1976 kühlte das Klima ab.«

In den vergangenen 30 Jahren nimmt die Temperatur allerdings kontinuierlich um knapp 0,2 Grad pro Jahrzehnt zu. Der beobachtete globale Erwärmungstrend der vergangenen Dekaden verläuft bis dato ziemlich gleichmäßig und linear – und nicht exponentiell, wie oft suggeriert wird. Er bewegt sich damit seit drei Jahrzehnten im unteren Bereich der von Klimamodellen für die Zukunft prognostizierten Werte. Die meisten Klimaforscher halten Kohlendioxid als Hauptfaktor für die Erwärmung zumindest in dieser jüngsten Vergangenheit für erwiesen. Das liegt ganz einfach daran, dass sie einfach keinen anderen Verdächtigen ausmachen können. Sie glauben, alle anderen natürlichen Ursachen für die in den vergangenen 30 Jahren beobachtete Erderwärmung ausschließen zu können. Für eine dominierende Rolle des

Kohlendioxids im aktuellen Klimageschehen gibt es also keinen direkten Beweis, sondern nur eine indirekte Herleitung: CO_2 bleibt derzeit nach Meinung der Mehrheit als einziger Tatverdächtiger übrig.

Man muss sich das wie in einem Gerichtskrimi vorstellen. Die Fahnder glauben mithilfe ihrer Computer den »menschlichen Fingerabdruck« in Form unserer Kohlendioxidemissionen nachweisen zu können, sie sprechen sogar wie im Thriller von einem »Smoking Gun«. Aber wer weiß, worauf damit geschossen wurde. Indizienprozesse sind immer für Überraschungen gut, plötzlich bröckeln Alibis und neue Verdachtsmomente tauchen auf. Die bange Frage lautet: Wie vertrauenswürdig sind die Aussagen der Computer?

Derzeit wird ihre Glaubwürdigkeit gleichsam durch ein Nebengutachten der Staatsanwaltschaft gestützt: Die abkühlende Wirkung der Luftverschmutzung habe die erwärmende Wirkung des steigenden Kohlendioxids lange Zeit »maskiert«, also überlagert. Die Emissionen aus Schloten und Auspuffen enthalten kleine Staubpartikel, sogenannte Aerosole, die Strahlung reflektieren und Wolken bilden können. Nach der gegenwärtig herrschenden Lehrmeinung haben sie insgesamt einen eher kühlenden Effekt: Je höher die Luftverschmutzung, desto größer die Abkühlung. Jetzt werde die Luft wieder sauberer und die Temperaturen stiegen umso schneller (allerdings wird die Luft nur in Europa und Nordamerika sauberer, in anderen Regionen wie China und Indien hingegen schmutziger).

Wie schwierig die Materie ist, zeigt ein kleiner Ausflug in die Energiebilanz der Erdatmosphäre. Sie sollte normalerweise ausgeglichen sein, die von der Sonne eintreffende Strahlung verlässt den Planeten also früher oder später auch wieder.

Sie wird aber nicht einfach reflektiert, sondern teilweise absorbiert und in einem komplizierten Ping-Pong hin- und hergeschickt, bevor sie sich in Richtung All auf und davon macht. Insgesamt gelangen auf jeden Quadratmeter des Planeten 342 Watt Sonnenenergie. Das kann man sich ganz gut in Form von drei 100-Watt- und einer 40-Watt-Glühbirne vorstellen. Die zusätzliche Wirkung aller Treibhausgase beläuft sich laut dem UN-Klimarat derzeit auf etwa 2,3 Watt pro Quadratmeter. Die dingfest zu machen, ist aus einem weiteren Grund gar nicht so einfach: Die Unsicherheitsspanne bei den Abschätzungen der planetaren Energiebilanz liegen bei plus/minus sechs Watt pro Quadratmeter. Die Unsicherheit über die tatsächliche Energiebilanz der Erde ist also größer als der gesamte Kohlendioxideffekt.

Es herrscht aber durchaus Einigkeit darüber, dass der Mensch das Geschehen in der Atmosphäre verändert. Das hat er bereits in der Vergangenheit getan, angefangen mit der Landwirtschaft vor 8000 Jahren. Eine Weltbevölkerung von über 6,6 Milliarden Menschen tut es noch mehr. Lokale Veränderungen wie Entwaldung, Landwirtschaft, Überweidung, Bewässerung und wachsende Großstädte tragen dazu genauso bei, wie die Emissionen durch die Verbrennung fossiler Rohstoffe oder die Haltung von Nutztieren. All dies kann direkte oder indirekte Auswirkungen auf das Klima haben. Einigkeit herrscht auch darüber, dass eine erhöhte Konzentration von Treibhausgasen tendenziell zu einer stärkeren Erwärmung der Atmosphäre führt. Alles andere ist umstritten.

Würde man die gegenwärtigen Lufttemperaturen mit Phasen der mittelalterlichen Warmzeit vergleichen, ergäbe sich kein merkbarer Unterschied. Wie bei allen statistischen

Betrachtungen hängt die Aussage sehr stark von den Zeitabschnitten ab, die man für einen Vergleich auswählt. Unser heutiges Klima wird am häufigsten in Beziehung zu den vergangenen 150 Jahren gesetzt, auch weil es erst seit dieser Zeit einigermaßen zuverlässige und fortlaufende Wetter- und Temperaturmessungen gibt. Viele Temperaturkurven fangen mit dem Beginn der regelmäßigen Aufzeichnungen um 1860 an. Dieser Termin fällt mit dem Ende der »kleinen Eiszeit« und somit einem Temperaturminimum zusammen. Ein Teil der Erwärmung seitdem ist der Erholung von dieser Kaltzeit geschuldet. Inwieweit der zusätzlich vom Menschen verursachte Treibhauseffekt durch andere künstliche oder natürliche Einflüsse verstärkt, abgeschwächt oder überlagert wird, ist noch lange nicht zu Ende erforscht. Genau wie die Tiefen der Meere, so behält auch der Ozean aus Luft noch viele Geheimnisse für sich.

DIE VORHERSAGE-FABRIKEN

Der Hohenpeißenberg ragt einsam und 988 Meter hoch über eine Ebene im bayerischen Voralpenland. Unten liegen der Ammersee und der Lech. Im Süden baut sich wie eine Wand das Alpenmassiv auf, die Märchenschlösser König Ludwigs sind zu erkennen, genau wie die Zugspitze. Oben auf dem Hohenpeißenberg herrscht bayerische Idylle: Glockengeläut, eine Kirche, daran angebaut das ehemalige Augustinerkloster, ein Friedhof und der Gasthof »Bayerischer Rigi« dösen vor sich hin. Etwas abseits steht noch ein wenig beachteter Kuppelbau mit Antennen und Messgeräten. Hier hat der deutsche Wetterdienst eine meteorologische Station und ein Observatorium eingerichtet. Sie ist die älteste Bergwetterstation der Welt.

Es begann mit einem Ausguck auf dem Dach des Klosters, der heute noch erhalten ist. Am Neujahrsmorgen des Jahres 1781, Schlag sieben Uhr, öffnet Chorherr Cajetan Fischer das Fenster eines unbeheizten Raumes im oberen Stockwerk. Draußen ist ein Thermometer und ein Hygrometer angebracht. Fischer hatte die Instrumente kurz zuvor von der pfälzischen Meteorologischen Gesellschaft in Mannheim bekommen. Die startete gleichsam das erste Wetter- und Klimaforschungsprogramm der Welt. An zunächst 15 Orten in Deutschland, Italien, Ungarn und der Schweiz sollten nach einem exakten Schema Daten erhoben und ausgewertet werden, denn das Wetter »habe einen unmittelbaren Einfluss auf das Leben der Menschen«. Nach dem Ablesen von Temperatur und Luftfeuchtigkeit steigt der Augustinerbruder auf den Dachausguck, wo er Stärke und Richtung des Windes, Bewölkung und Niederschlag protokolliert. Die ganze Prozedur wiederholt sich dann jeden Tag noch einmal um 14 Uhr und um 21 Uhr. Die Daten werden gesammelt und von Zeit zu Zeit durch Kuriere nach Mannheim zur Auswertung befördert.

Dort werden sie nach einigen Jahrzehnten von dem Mathematiker und Physiker Heinrich Wilhelm Brandes entdeckt, der schon seit längerem nach einer Methode sucht, das Wetter vorherzusagen. Bei der systematischen Auswertung aller Daten des Jahres 1783 durchfährt ihn schließlich ein Geistesblitz. Er erkennt, dass der Luftdruck wie eine Welle durch die Daten wandert, in einer Region abfällt und in der nächsten ansteigt und so weiter. Auf diese Weise liest Brandes ein über Europa hinwegziehendes Tiefdruckgebiet aus den Zahlen heraus. Er kommt auf die Idee, die Druckgebiete auf einer Karte einzuzeichnen – und zwar jeden Tag neu. Übereinandergelegt ergibt sich aus diesen Momentaufnahmen wie in einem Zeichentrickfilm eine Bewegung. Das ist die Geburtsstunde der sogenannten »synoptischen Meteorologie« – und der Wettervorhersage. Als später der elektrische Telegraf erfunden wird, können an verschiedenen Orten erhobene Daten aktuell verglichen, zu einem Gesamtbild vereint – und mit Erfahrungssätzen fortgeschrieben werden.

Zahlreiche nationale Wetterdienste werden gegründet und die »Wettermaschine« nach und nach immer besser verstanden. Der Austausch warmer und kalter Luftmassen zwischen dem Äquator und den Polen, das Zusammenspiel von Wind, Regen, Temperatur und Luftdruck fügen sich allmählich wie ein Puzzle zusammen. Schon zu Beginn des 20. Jahrhunderts glauben Mathematiker, Physiker und Meteorologen das Geschehen in vereinfachten Formeln abbilden und dann vorausberechnen zu können. Doch sie scheitern an dem enormen Rechenaufwand. Der Brite Lewis Fry Richardson entwickelt 1922 den gigantischen Plan einer »Vorhersage-Fabrik«: In einem riesigen Amphitheater sollten 64 000 Angestellte gleichzeitig die notwendigen Rechenschritte für die Wettervorhersage durchführen und die Ergebnisse dann dem diensthabenden Meteorologen in der Mitte signalisieren.

Richardsons Traum war visionär. Und er sollte in Erfüllung gehen – allerdings anders als gedacht. Seine Idee wurde nach dem Zweiten Weltkrieg wieder aufgegriffen: Statt Tausender menschlicher Gehirne beauftragte man aber Computer mit dem Rechnen. Die benötigten kein Amphitheater, sondern lediglich einen großen Raum. Heute passt ein Vielfaches der Speicherkapazität der frühen Rechner unter einen Fingernagel.

Dennoch ist inzwischen eine gewisse Ernüchterung eingetreten. Trotz der gigantisch gestiegenen Rechenkapazitäten und der verbesserten Beobachtungsmöglichkeiten mit Satellitenbildern entzieht sich das Wettersystem immer noch langfristigen Vorhersagen. Länger als drei Tage ist eine zuverlässige regionale Vorhersage kaum möglich, spätestens bei einem Zeitraum von mehr als sieben Tagen fangen die Computerprogramme an, grob aus dem Ruder zu laufen. Die Zahl der Möglichkeiten, wie sich das Wettergeschehen weiterentwickeln könnte, explodiert, und selbst der leistungsfähigste Computer rechnet sich ins deterministische Chaos. Die wirklichen Vorgänge auf dem Planeten und in der Atmosphäre sind zu vielfältig und kompliziert, die Wettermodelle sind zwangsläufig grob vereinfachende Idealisierungen.

Das Wetter ist eben keine »Maschine«, die sich deterministisch bis zur letzten Schraube durchschauen lässt, sondern ein launiges und sprunghaftes Wesen. »Ein komplexes System, mit dem die meisten von uns schon einmal zu tun hatten, ist ein Kind, besonders ein Teenager«, formuliert der amerikanische Schriftsteller Michael Crichton eine anschauliche Parallele. Man weiß eigentlich nie, welches Ereignis welche Reaktionen wann hervorruft. Ein Anstoß, der gestern ein bestimmtes Resultat erzielte, kann morgen zu einem vollkommen anderen Ergebnis führen.

Auch am Hohenpeißenberg mühen sich heute Computer mit der komplexen Materie ab. Aufgrund der einzigartigen historischen Messreihen spielt die Wetterstation auch in der Klimaforschung eine Rolle. Ein kleiner Informationsraum zeigt die Bestandteile eines modernen Wetterhäuschens und erklärt interessierten Besuchern die Arbeitsweise der Meteorologen. Diagramme und Grafiken erläutern den Klimawandel am Ort. Seit 1780 nahmen die Temperaturen am Hohenpeißenberg pro 100 Jahre im Schnitt um etwa 0,2 Grad zu. Das wärmste Jahrzehnt markierten die neunziger Jahre des vorigen Jahrhunderts. Am Hohenpeißenberg wirkten sich vor allem die gestiegenen Minimaltemperaturen auf den Jahresdurchschnitt aus, Winter und Nächte waren milder. Der auffällige Anstieg der Gewittertage hat aber wohl einen anderen Grund: 1978 wurde ein 160 Meter hoher Sendemast auf dem Berg errichtet.

Wie einst bei der Wettervorhersage, so herrscht heute wieder großer Optimismus über die Möglichkeiten der Klimavorhersage. Der 2003 verstorbene Chemie-Nobelpreisträger Ilya Prigogine schrieb dazu: »Durch die digitalen Prozesse sind wir zu dem reduktionistischen Konzept von Lewis Fry Richardson zurückgekehrt.« Und ähnlich wie in der Vergangenheit heißt die Forderung der Stunde: mehr Rechenkapazität. Über die Hälfte der 20 führenden Supercomputer weltweit steht heute im Dienst der Klimaforschung. Und schon werden Petaflop-Rechner gefordert, die tausendmal so leistungsfähig sind wie die heutigen Supercomputer.

Eines der prächtigsten derzeitigen Exemplare steht seit 2002 in einem turnhallengroßen Gebäude im japanischen Yokohama und trägt den Namen »Earth Simulator«. Es besteht aus 640 gigantischen Multi-Prozessor-Rechnern, in denen insgesamt 5120 Halbleiterhirne ihren Dienst tun. Die Länge der Kabel würde von Berlin bis Kairo reichen, der Stromverbrauch entspricht dem von 2000 Einfamilienhäusern. Man hofft, das Klimasystem mathematisch so zu beherrschen, dass Klimaprognosen für Jahrhunderte im Voraus möglich werden. Andere, nicht weniger qualifizierte Wissenschaftler halten das für ausgeschlossen. Der Mathematiker Heinz Otto Peitgen von der Universität in Bremen hat mit seinen Computergrafiken die Chaosforschung in Deutschland populär gemacht. Er meint: »Jetzt reden wir von Glaubenssachen. Es gibt Leute, die glauben – und viele von denen sitzen in hoch bezahlten Positionen in sehr bedeutenden Forschungszentren –, dass man das Klima modellieren kann. Ich zähle zu denen, die das nicht glauben. Ich halte es für möglich, dass sich die mittlere Erwärmung der Ozeane in 50 Jahren mit einem bestimmten Fehler vorausberechnen lässt. Aber welche Wirkungen das auf das Klima hat, das ist eine ganz andere Geschichte.«

Die versprochenen sensationellen Erkenntnisse des »Earth Simulator« über die künftige Erwärmung der Erdoberfläche sind bislang jedenfalls ausgeblieben. Selbst der Versuch, das Klima des vergangenen Jahrhunderts einigermaßen realistisch zu simulieren, gelang erst nach umfangreichen »Anpassungen«. Wichtige Klimaphänomene wie die zyklische Meereserwärmung El Niño wollten sich partout nicht einstellen. Die Computerspezialisten machen deshalb mehr oder weniger große (meistens große) »Flusskorrekturen«, sie »tunen« gewissermaßen das Modell, um es überhaupt zum Funktionieren zu bringen. Dies geschieht in der Regel nicht in manipulativer Absicht, zeigt aber, dass das Bild von mathematisch exakten Modellen ein Mythos ist.

Doch wie funktioniert ein solches Modellklima überhaupt? Die meisten Klimaforscher arbeiten heute mit sogenannten »General Circulation Models« (GCM), was man salopp mit »Kreislaufmodell« übersetzen könnte. Diese Simulationen gibt es für die Vorgänge in der Atmosphäre (AGCM) und für die in den Ozeanen (OGCM). Besonders aufwendig sind kombinierte Modelle (AOGCM). Werden dann noch weitere irdische Sphären wie die Biosphäre (Pflanzen und Tierwelt) integriert und algorithmisch beschrieben, landet man schließlich bei »Erdsystem-Modellen« wie dem »Earth Simulator«. Aber die sind (noch) die Ausnahme.

Für ein einfaches »General Circulation Model« der Atmosphäre werden die physikalischen und chemischen Naturgesetze, die geografische Beschaffenheit der Erde, ihre Umlaufbahn um die Sonne und vieles mehr als Formeln eingegeben. Das Elektronengehirn wird dann so lange getrimmt, bis es den Austausch von Luft und Wasser, Sommer und Winter, kurz den Wetterkreislauf und die Klimaentwicklung halbwegs vernünftig imitiert. Die üblichen Rechner können die Welt derzeit höchstens als Raster mit

Planquadraten von etwa 250 Kilometern Seitenlänge abbilden. Ultrarechner wie der »Earth Simulator« verringern die Auflösung des Gitternetzes auf Quadrate von zehn Kilometern Seitenlänge.

In den verbreiteten groben Modellen stellt eine ganze Region mit Bergen, Tälern und Gewässern eine Durchschnittsfläche mit gleicher Luftfeuchtigkeit, Luftverschmutzung, Temperatur und Wolkendecke dar. Die Atmosphäre wird grob in Quader aufgeteilt, sodass die Welt im Computer aussieht wie ein Fußball, um den herum ein Mantel aus Legosteinen gelegt wurde. Für jeden Kreuzungspunkt werden Temperatur, Feuchte, Wind und Luftdruck bestimmt. An den »Kreuzungen« des Gitters löst ein Computer beständig mehrere Dutzend Gleichungen und bildet so die Vorgänge des Klimas nach. Erwärmt sich etwa rechnerisch die Luft, steigt sie auf und zieht von anderen Punkten Luft nach – Strömungen entstehen. Der Computer soll so ein Modell des globalen Geschehens schaffen, das möglichst gut mit der Wirklichkeit übereinstimmt. Als guter Test gilt folgendes Experiment: Wenn man Klimamodelle rückwärts laufen lässt, müssten sie irgendwann eine Eiszeit produzieren. Bedauerlicherweise tun sie das aber nicht.

Vergleichende Tests verschiedener Klimamodelle kommen immer wieder zu kritischen Ergebnissen. Während die Öffentlichkeit die Ergebnisse der Computersimulationen meist als Fakt nimmt, werden sie innerhalb der Fachwelt heftig diskutiert. Eine Untersuchung unter Leitung des Gießener Physikers Armin Bunde, die 2002 in den angesehenen »Physical Review Letters« veröffentlicht wurde, trug die Überschrift: »Klimamodelle schlechter als ihr Ruf«. So werde die »Erhaltungsneigung« des Wetters deutlich unterschätzt, wohingegen Trends, vor allem die globale Erwärmung, überschätzt würden.

Die amerikanischen Geologen Orrin und Linda Pilkey haben lange mit Computersimulationen natürlicher Vorgänge gearbeitet und ein Buch darüber geschrieben (»Useless Arithmetic«). Darin beschreiben sie, wie Rechenmodelle manchmal schon an vergleichsweise einfachen Aufgaben scheitern, beispielsweise an der Vorausberechnung, wie viel Sand von den Wellen in die Brandungszone eines Strandes transportiert wird. Das hänge nämlich von mehr als 50 Faktoren ab – wobei Sturmfluten noch gar nicht berücksichtigt seien. Die Computermodelle beziehen aber nur acht Einflussgrößen ein und versagen damit kläglich. »Anstatt sich auf Computermodelle zu verlassen, sollte man stärker Messungen in der Natur vertrauen«, folgern die beiden Geologen.

So ähnlich wird das auch in der Industrie gesehen. Computermodelle sind heute in vielen industriellen Bereichen ein wichtiges Handwerkszeug, beispielsweise bei der Halbleiterherstellung. Schon das im Vergleich zum globalen Klima äußerst überschaubare künstliche Klima in den Herstellungskammern der Halbleiter-Produktion tut oft nicht, was es laut Computermodell eigentlich sollte. Der Herstellungsprozess muss aufgrund von Erfahrungswerten und praktischen Experimenten angepasst werden. Jerome Schmitt, Präsident eines Nanotechnologie-Unternehmens, sagt: »Kein Unternehmen würde in ein Herstellungsverfahren investieren, das lediglich auf den Prognosen eines Computermodells basiert.« Ohne die Absicherung durch reale Beobachtungen würde kein privates

Unternehmen große Investitionen tätigen. Im Umgang mit den Ergebnissen von Klimamodellen solle man sich das gleiche Prinzip zu eigen machen: »Die Daten für den Abgleich mit der Realität können leicht durch Abwarten gewonnen werden.«

Auch im größten Rechner wird das komplexe Geschehen auf der Erde ungeheuer vereinfacht dargestellt. Die Faktoren, die das Klimageschehen beeinflussen, reichen von der planetarischen Größenordnung des Erdumfangs (40 000 Kilometer) hinab bis zum kleinsten Staubpartikel, der nur den Bruchteil eines Millionstelmillimeters ausmacht. Hinzu kommt: Da wir oft überhaupt nicht wissen, wie die Wirklichkeit aussieht, können nur Vermutungen als Ausgangsdaten in das System eingegeben werden. Viele biochemische und physikalische Prozesse, die den Kohlenstoffhaushalt entscheidend beeinflussen, sind noch unbezifferbar und bleiben gänzlich unberücksichtigt.

Ein gutes Beispiel für entscheidende Wissenslücken ist die sogenannte »Klimaempfindlichkeit«. Sie ist *die* Schlüsselgröße der gegenwärtigen Treibhaus-Hypothese – nur wird über deren Größenordnung heftig gestritten. Sie gibt an, um wie viel sich die Luft erwärmt, wenn man ihren Kohlendioxidgehalt verdoppelt. Der Wert ergibt sich nun aber nicht aus der Treibhauswirkung des Kohlendioxids allein – die ist nämlich relativ gering. Vielmehr vermutet man eine »positive Rückkoppelung« mit dem Wasserdampf, der mit mindestens zwei Dritteln Anteil das weitaus wichtigste Treibhausgas ist. Die Reaktionskette muss man sich in etwa so vorstellen: Mehr Kohlendioxid führt zu höheren Temperaturen, die wiederum mehr Wasser verdunsten lassen, was die Luft noch weiter erwärmt. Doch um wie viel?

Wie erwähnt, liegen die Schätzungen der Klimasensitivität seit beinahe 30 Jahren im Bereich zwischen 1,5 und 4,5 Grad (im letzten IPCC-Bericht 2 bis 4,5 Grad). Der »Erfinder« der Treibhausthese Svante Arrhenius schätzte sie Anfang des 20. Jahrhunderts auf 5 bis 6 Grad Celsius, lag also gar nicht so weit vom heutigen oberen Schätzwert ab. Syukuro Manabe von der Princeton University gilt als ein Nestor und Begründer der Klimamodellierung. In einem Vortrag wies er genau auf dieses Defizit hin. Niemand habe die Daten zur Klimaempfindlichkeit kritisch und angesichts sich ständig wandelnder Umweltbedingungen überprüft. Wenn in solch übergeordneten Fragen keine Fortschritte erzielt würden, dann nütze aber der beste Großrechner nichts.

Viele altgediente Meteorologen verfolgen die Entwicklung der Klimawissenschaft mit Stirnrunzeln. Sie bemängeln, dass sich die Protagonisten der Klimanumerik nur noch in Modellwelten aufhielten und die Rückkoppelung in der Natur und empirischen Befunden vernachlässigten. »Es ist viel leichter für einen Wissenschaftler, in einem klimatisierten Büro Computermodelle zu füttern als Wintersachen anzuziehen und hinauszugehen und zu messen, was in den Sümpfen und Wolken passiert«, sagt der berühmte Physiker und Mathematiker Freeman Dyson.

Modelle werden mit Modellen verglichen, Modelle kontrollieren Modelle. Professor Marcel Leroux von der Universität Lyon widmete sein Leben der praktischen Wetterbeobachtung und schuf für die Welt-Meteorologen-Organisation (WMO) einen Wetter- und Klimaatlas Afrikas, der als Standardwerk gilt. Er kritisiert, dass bei den Klimamodellen immer häufiger bloße Korrelationen zwischen statistischen Mittelwerten an die Stelle überprüfbarer physischer Zusammenhänge träten. Ursache und Wirkung eines Prozesses könnten so nicht mehr auseinandergehalten werden. In der Wissenschaft gilt eigentlich der Grundsatz, dass eine Hypothese vor der statistischen Überprüfung formuliert sein muss. Und niemals andersherum. Denn bei allen Wetterereignissen, seien sie auch noch so zufällig, kann man irgendwo einen Trend festmachen, man muss nur lange genug suchen und den richtigen Zeitabschnitt wählen. Leider ist dieses Vorgehen – Daten ansehen und dann erst die Hypothese aufstellen – in der modernen Klimaforschung gar nicht so selten.

Das Klima lässt sich ganz gut mit einem gigantischen Poolbillardspiel vergleichen. Schon eine winzige Änderung beim Anstoß kann die Konstellation vollkommen verändern, unzählige Einflussgrößen stoßen sich gegenseitig an und wirken aufeinander zurück.

Der Versuch, einen solchen Spielverlauf vorauszuberechnen, ist ziemlich kühn. Beim Klima wissen die Forscher ja nicht einmal, wie viele Kugeln tatsächlich im Spiel sind. Von anderen Kugeln wissen sie zwar, dass sie vorhanden sind, aber nicht, wie sie sich verhalten – siehe die Wolkenbildung. Der Klimaforscher Roger Pielke senior von der Universität Boulder in Colorado sieht die Modelle als wertvolle Instrumente, um die Empfindlichkeit des Klimasystems in Probeläufen zu testen. Aber er warnt: »Die Überbetonung von Klimamodellen als zuverlässige Prognoseinstrumente verstärkt die Politisierung der Klimaforschung und sorgt für berechtigte Kritik an den Einschätzungen des Reports des Weltklimarates IPCC.«

Besonders gewagt sind jene Klimamodelle, deren Protagonisten mit großem Selbstbewusstsein vorgeben, sogar unser regionales Klima in 50 oder 100 Jahren vorausberechnen zu können. Doch manchmal kommt der Realitätstest schneller als geglaubt. Ein Exempel dafür lieferte 1991 der erste Golf-krieg. Damals prophezeiten zahlreiche Klimaforscher eine Art nuklearen Winter für den Fall, dass Saddam sämtliche Ölquellen anzünden würde. Das »CSIRO«-Computermodell australischer Klimatologen präzisierte im Vorfeld des Krieges: Schwarzer Rauch würde bis in 25 Kilometer Höhe aufsteigen, eine weiträumige regionale Kältewelle auslösen, möglicherweise würde der Monsun in Asien ausbleiben und Millionen Menschen müssten verhungern. Dann passierte tatsächlich das Ungeheuerliche: Saddam zündete alle Quellen an. Es blieb jedoch bei einer leichten lokalen Abkühlung in Kuwait, nur 150 Kilometer weiter in Dhahran oder Bahrain blieben die Temperaturen fast unverändert. Der Rauch stieg nicht 25 Kilometer auf, sondern »nur« fünf. Der Monsun in Asien kam und ging wie immer.

Die Entdeckung der Bescheidenheit

Am Gantheaume Point, nahe dem kleinen australischen Küstenort Broome, ragt ein Leuchtturm auf einem roten Sandsteinplateau in die Höhe. Es ist ein magischer Ort, besonders wenn am Abend die Sonne untergeht. Im Sommer – tagsüber sind die Hitze und die Luftfeuchtigkeit kaum zu ertragen – weht hier wenigstens eine leichte Brise. Junge Leute blasen auf einem Didgeridoo, dem traditionellen Blasinstrument der Aborigines. Ein Ort wie aus der Zeit gefallen. Ein Hobbypaläontologe stieß in den fünfziger Jahren des vorigen Jahrhunderts unterhalb des Leuchtfeuers auf Versteinerungen im roten Stein der Steilküste. Die Ebbe hatte die See an diesem Tag ungewöhnlich weit zurückgezogen und gab den Blick auf Vertiefungen frei, die sich als Fußspuren eines Dinosauriers entpuppten. Er stapfte vor 135 Millionen Jahren dort unten herum und erhielt von seinen Entdeckern den Namen *Megalosauropus broomensis*.

135 000 000-mal hat sich seit den Streifzügen des urzeitlichen Landtieres die Erde um die Sonne gedreht, zwölfmal so oft der Mond um die Erde – und keinem Menschen ist dabei schwindlig geworden. Wir haben das Karussell der Erdgeschichte gerade erst bestiegen. Zu kurz ist die Lebensspanne unserer Art, um die großen Zahlen der Erdgeschichte wirklich fassen zu können. Die Dinosaurier haben den Planeten etwa über die 1400-fache Zeitspanne wie der Mensch beherrscht. Unser gegenwärtiges geologisches Zeitalter, das Holozän mit seinem für die Menschheitsentwicklung förderlichen Klima, währt nur etwas über zehntausend Jahre. Es entspricht 0,00021 Prozent der Zeit seit der Entstehung unseres Planeten. Stellt man sich die

Erdgeschichte als Ablauf eines Jahres vor, so ergibt sich folgender Kalender: Am 1. Januar entsteht die Erde, am 29. März regt sich erstes Leben, am 15. Dezember donnern die Dinosaurier durchs Revier, am 31. Dezember betritt der erste Mensch die Bildfläche. Und 14 Sekunden vor Silvester wird Jesus geboren.

Wir sind noch nicht sehr lange an Bord des Raumschiffs Erde, das seine Bahn um die wärmende Sonne zieht – und mit ihr gemeinsam durch die Galaxie reist. Die Erde dreht sich mit einer Geschwindigkeit von 1600 Stundenkilometer wie ein Kreisel um die eigene Achse und zieht mit 100 000 Stundenkilometer ihre jährliche Ellipse um ihre rot glühende Zentralheizung. Im Verlauf der vergangenen 500 Millionen Jahre haben sich dabei sogar die Reisezeiten geändert: Das Jahr hat sich von über 400 Tagen auf 365 Tage verkürzt, die Tageslänge ist von 20 auf 24 Stunden angestiegen. Wir sind Teil einer ziemlich dynamischen Reisegruppe, denn im Laufe der Zeit schwankt nicht nur die Aktivität der Sonne, auch der Neigungswinkel der Erdachse ändert sich, der Planet wackelt und trudelt. All dies verändert die Wärmeeinstrahlung auf den Planeten und damit das Klima.

Kleine grüne Männchen außerhalb unseres Sonnensystems könnten außerdem Folgendes beobachten: Die Sonne kreist schneller um das Zentrum der Milchstraße als der gleißende Strudel ihrer Spiralarme. Deshalb durchquert sie immer wieder diese vier hell leuchtenden Spiralarme – in einem Rhythmus von etwa 135 Millionen Jahren. Wenn da draußen beschlossen wird, dem Planeten eine Eiszeit oder eine Superwarmzeit zu bescheren, dann werden wir leider nur zuschauen können. Kary Mullis, Nobelpreisträger für Chemie und wissenschaftliches *enfant terrible*, hat das einmal so formuliert: »Hey, sind zum Ende der letzten Eiszeit die Gletscher geschmolzen, weil die Leute zu viele Lagerfeuer angezündet haben? Nein, und auch die nächste Eiszeit werden nicht wir Menschen verursachen. Da sind mächtigere Kräfte im Spiel.«

Dort unten am Gantheaume Point, wo sich heute die weißen Schaumkronen der azurblauen Timorsee brechen, mäanderten einst Flusstäler. Nach der letzten Eiszeit verschluckte sie der Meeresspiegel. Die Touristen von heute verdanken dieser Klimakatastrophe einen Traumstrand. Das schneeweiße Sandband des Cable Beach zieht sich mehr als 160 Kilometer nach Norden. Man kommt arg ins Grübeln an diesem Ort. Welches ist denn eigentlich das richtige Klima? Das vor 135 Millionen Jahren? Das vor 12 000 Jahren? Oder das vor 8000 Jahren? Oder das von 1931 bis 1960, das die Welt-Meteorologen-Organisation (WMO) zur »Klimanormalperiode« erklärt hat?

Vor 12 000 Jahren bedeckte eine zum Teil mehrere Kilometer dicke Eisschicht jene Regionen, wo sich heute Großstädte wie Stockholm, Berlin oder Toronto befinden. Der Meeresspiegel lag knapp 100 Meter unter dem heutigen. Die Bucht von San Francisco, die heute die Golden Gate Bridge überspannt, war trockenes Land. In einem gewaltigen Wasserfall ergoss sich der Sacramento River in eine Marschlandschaft. Dann wurde es wärmer, und der Meeresspiegel stieg rasch an. Vor 8000 Jahren gab es in der Sahara Binnenseen, Nilpferde, Elefanten, Gazellen und Rinderhirten. Ein Garten Eden. Die Fachleute sprechen vom »Klimaoptimum« des Holozän. In Mitteleuropa lagen die Temperaturen etwa zwei Grad höher als heute. Warum sollte unser gegenwärtiges Klima das einzig richtige sein?

Gibt es überhaupt irgendeinen »optimalen« Zustand? Und wenn ja, für wen? *Panta rhei* (»Alles fließt«) wussten schon die alten Griechen.

Das Leben verharrt nie in einem bestimmten Zustand – und es kennt auch nicht den besten aller Klimazustände. »Ein Wert ist so gut oder nichtssagend wie der andere. Die Natur als solche, mit ihren Lebewesen und nicht lebendigen Vorgängen, gibt uns nichts an die Hand, gut von besser oder schlechter zu unterscheiden«, sagt der Münchner Evolutionsbiologe Josef H. Reichholf, »jede Festlegung wäre reine Willkür.« Unser heutiges Klima ist letztendlich ein winziger Punkt auf dem Zeitpfeil der Erdgeschichte und der Evolution, der vor etwa vier Milliarden Jahren beginnt. Dem Stand der Dinge nach wird er sich noch eine Weile fortsetzen, bis die Sonne sich eines Tages zu einem roten Riesen aufbläht, um danach zu verlöschen. Vielleicht kollidiert unsere Milchstraße aber vorher auch mit der Andromeda-Galaxie. Zum Trost: Das wird vermutlich noch ein paar Milliarden Jahre dauern.

Das Hochplateau der Kimberleys im Nordwesten des australischen Kontinents ist knapp zwei Milliarden Jahre alt und im Grunde ein einziges, riesiges Fossil. Viele Kapitel der Erdgeschichte lassen sich in diesem Gebiet ablesen, das so groß wie Deutschland, aber praktisch unbewohnt ist. Anhand von Meeres- und Seesedimenten, Versteinerungen, Baumringen, Korallen, Pollen, Eisbohrkernen und dergleichen lassen sich die Klimakapriolen der Vergangenheit rekonstruieren. Diese Zeugen werden Proxys (»Stellvertreter«) genannt. Zur Zeitbestimmung dienen »Uhren«, die Zeitrückschlüsse aus dem radioaktiven Zerfall bestimmter Elemente erlauben. Das bekannteste Datierungsverfahren ist die sogenannte Radiokohlenstoffmethode. Man kann das ganze Vorgehen gut mit der Spurensicherung und Forensik im Fernsehkrimi vergleichen.

Wenn die Geowissenschaftler und Paläoklimatologen die Zeugen der Vergangenheit zum Sprechen bringen, dann können sie in der Kimberley-Region vom Zerbrechen des Riesenkontinents Gondwana erzählen, von Australiens 60 Millionen Jahre währender Isolation, von wachsenden Korallenriffen, abschmelzenden Polen, steigenden Meeresspiegeln, Eiszeiten, Wärmeperioden und vernichtenden Meteoriteneinschlägen. Vielleicht war es auch eine solche kosmische Katastrophe, die vor 65 Millionen Jahren den Weg für die Säugetiere und damit den Menschen überhaupt erst frei machte. Der Meteoriten-Einschlag auf dem Gebiet der Halbinsel Yucatan und des Golfs von Mexiko war gewaltig. Feuer überzog weite Teile der Erde, löste gewaltige Tsunamis aus und wirbelte so viel Staub auf, dass der Planet für Jahrzehnte verdunkelte und stark abkühlte. Es könnten aber auch Vulkanausbrüche schuld an dem Temperatursturz gewesen sein. Jedenfalls wurde der Planet von einem Massensterben der Arten heimgesucht, und die Natur benötigte Tausende von Jahren, um sich auf die neue Situation einzustellen.

Eine Tagesreise von Broome entfernt liegt Wolf Creek, der zweitgrößte Meteoritenkrater der Welt. Nach stundenlanger Fahrt über eine staubige Waschbrettpiste entdeckt man einen 50 Meter hohen Ring aus Gestein. Von dort oben blickt man in einen topfebenen Krater von etwa einem Kilometer Durchmesser. Unwillkürlich zieht man angesichts solcher Demonstrationen von Urgewalt gedanklich Bilanz und endet in Demut gegenüber einer Natur, die hier auf einer gigantischen Skala operiert. Turmhohe Kliffs erheben sich aus dem Meer, ehemalige Korallenriffe durchziehen als gewaltige Bergrücken den roten Staub. Nicht zu vergessen das Wetter mit seinen biblischen Extremen, von sintflutartigen Regenfällen bis zu Trockenheit, flimmernder Hitze und Gewittern mit urzeitlichem Blitz und Donner.

Oft ist keine Bewegung zu spüren, nur absolute Windstille, blauer Himmel und schwüle Hitze. Dann tauchen kleine weiße Wolken am Horizont auf, es wird schwüler und die Atmosphäre drückt von allen Seiten. Feuchte tropische Winde treffen auf die extrem trockene und aufgeheizte Luft über dem Festland. Schließlich bildet sich eine schwarze Wolkenwand und ein erster Blitz züngelt in der Ferne. Höchste Zeit, sich ins Auto zu retten. Nach wenigen Minuten tobt ein ohrenbetäubendes Unwetter und die Wassermassen trommeln auf das Blechdach, dass man sein eigenes Wort nicht mehr versteht. Weil die Felsen voller Erze stecken, ziehen sie die surrenden Blitze an wie ein Magnet.

Der Gedanke, der Mensch könne diese Maschinerie beherrschen oder gar nach seinem Willen formen, scheint hier sehr weit weg. Die Ureinwohner und die wenigen Rinder- oder Schafzüchter haben sich auf die unberechenbare und gewalttätige Natur eingestellt. Sie wissen, dass sie in der Regenzeit manchmal über Wochen von der Außenwelt abgeschnitten sind, dass es gegen Dürre und verdurstende Tiere keine Versicherung gibt. Und sie reagieren ein wenig amüsiert, wenn man ihnen erzählt, im fernen Europa hätten die Regierungschefs beschlossen, die Erderwärmung auf zwei Grad Celsius zu begrenzen.

Der Besucher beginnt bald, wieder etwas bescheidener zu denken. 99 Prozent der Arten sind von unserem Planeten verschwunden, bevor der Mensch überhaupt aufgetaucht ist. Auf der Bühne des Lebens geben manche Darsteller nur eine kurze Vorstellung, andere sind erstaunlich langlebig. Die bis zu sieben Meter langen Leistenkrokodile, die im Kimberley heimisch sind, leisteten schon den Dinosauriern Gesellschaft und haben sich seitdem kaum verändert. Eine Säugetiergattung überlebt im Durchschnitt nur 5 Millionen Jahre, einzelne Arten sogar noch kürzer. Der zivilisationsverwöhnte Mensch vergisst oft, dass unsere Spezies die weitaus längste Zeit ihrer Karriere auf der roten Liste der bedrohten Arten stand. Klimaextreme, Hunger und Krankheiten stürzten die Ursippen immer wieder in existenzielle Krisen. Genetische Analysen legen nach Ansicht einiger Molekularbiologen die Vermutung nahe, dass die Zahl unserer frühen Vorfahren während der letzten Eiszeit des Pleistozän um 90 Prozent auf nur noch 10 000 Urmenschen zurückgegangen sein könnte. Das Feuermachen wurde als Waffe gegen die Widrigkeiten des Klimas erfunden. Kalte Zeiten waren immer besonders gefährlich, in warmen Zeiten ging es bergauf. Die Erfindung der Landwirtschaft und damit die sprunghafte Karriere der Menschheit fällt nicht zufällig mit dem Beginn einer Warmzeit zusammen. Wie vielerorts auf der Welt haben die Ureinwohner auch in den Kimberleys Felsmalereien hinterlassen. Anhand der verschiedenen Tierarten, die die Aborigines verewigt haben, lassen sich Rückschlüsse auf das Klima der vergangenen Jahrtausende ziehen.

Die Angst vor den Launen des Wetters und der Natur steckt irgendwo tief in unseren Genen. Bei den australischen Ureinwohnern sorgt die Regenbogenschlange für Wasser und Fruchtbarkeit. Namarrgon, der Herr der Blitze, trägt an Knien und Ellenbogen Steinäxte, die er wild schwingt, bevor ein Blitz vom Himmel fährt. Im Vorderen Orient fegte Baal als Sturm über die Erde. Thor, der Göttervater der Germanen, schwang am Himmel seinen Gewitterhammer. Im heutigen Menschen steckt viel mehr von diesem Erbe, als wir uns bewusst sind. Das ist auch kein Wunder. Wenn die Menschen eine Kette der Generationen bilden, der Sohn also die Mutter bei der Hand nimmt und die ihren Vater und so weiter, dann drücken wir nach 250 Kilometern einem Affen die Hand. Mensch und Affe haben gemeinsame Vorfahren und gingen vor etwa fünf Millionen Jahren getrennte Wege. Es scheint fast so, als habe der Mensch kürzlich den Expressfahrstuhl zur Aussichtsplattform eines Wolkenkratzers genommen und die armen Verwandten am Boden zurückgelassen.

Den rundum abgesicherten Menschen in den Industrienationen fällt es immer schwerer, die uralten Risiken unserer Existenz zu akzeptieren. Der Klimawandel hat immer dazugehört und wird es auch weiterhin tun. Wir sollten nicht fahrlässig sein und unnötige Risiken vermeiden – wir sollten aber auch nicht glauben, mit politischen Programmen die Erdtemperatur regeln zu können. Schon vor dem Erscheinen des Menschen gab es wärmere und kältere Zeiten als heute, mitunter auch abrupte Temperatursprünge um mehrere Grad innerhalb weniger Jahre. Wir sind Passagiere auf dem Raumschiff Erde und sollten uns anständig benehmen, aber wir sind nicht der Pilot. Es mag eine kosmische Kränkung sein, aber mit Klimarisiken wird der Mensch auch weiterhin leben müssen. Genau wie der *Megalosauropus broomensis*, der am Gantheaume Point seine Spuren hinterließ. Inzwischen hat die Evolution in Broome so angenehme Dinge wie Cafés, geeisten Cappuccino, Geländewagen und einen Nacktbadestrand hervorgebracht. Was in fünf Millionen Jahren dort sein wird, können wir nicht wissen. Vielleicht entdecken unsere Nachfahren ja im Sandstein den Abdruck einer Espressomaschine.

DAS PFERDEÄPFEL-SYNDROM

D as Pferdeauktionshaus Fiss, Doerr und Carroll an der East 24th Street in New York zog Ende des 19. Jahrhunderts Tausende von Käufern an. Der siebenstöckige, einen ganzen Block lange Stall platzte aus allen Nähten. Pferde waren das wichtigste Arbeits- und Transportgerät – und es wurden immer mehr. Die schweren Pferderassen, die heute ein werbeträchtiges Markenzeichen für Brauereien sind, bescherten den Bürgern der Stadt einen Albtraum. Die Zugtiere starben oft mitten auf der Straße, Pferdeepidemien legten immer mal wieder das Geschäftsleben und sogar die Feuerwehr lahm. Feinstaub war ein viel größeres Problem als heute: Der Staub getrockneten Pferdedungs trug zur Ausbreitung von Infektionskrankheiten bei.

Und auch um die Unfallsicherheit war es katastrophal bestellt: Pferde gingen durch, traten und bissen die Menschen. Im letzten Jahrzehnt des 19. Jahrhunderts verdoppelten sich in New York die Kutsch- und Fuhrwerkunfälle, jedes Jahr waren fast 1000 Todesopfer zu beklagen. Ein Großteil der chirurgischen Eingriffe galt den Folgen von Pferdeunfällen. Allein in der Innenstadt produzierten die Pferde täglich 1100 Tonnen Mist und 270 000 Liter Urin, in den Ställen türmten sich monatelang Tausende von Kubikmetern Pferdeäpfel gleichzeitig. Stadtverwaltung, Bürger und Medien blickten besorgt in die Zukunft. Fachleute stellten alarmierende Hochrechnungen an: Im 20. Jahrhundert werde der Pferdemist die Fenstersimse im ersten Stock erreichen und New York daran ersticken.

Was die New Yorker nicht ahnten: Ein lauter Knall in einer Werkstatt im fernen Bad Cannstatt bei Stuttgart sollte aus der düsteren Zukunftsprognose bald Makulatur machen.

1886 setzte sich dort mit Carl Benz am Steuer das erste Automobil in Bewegung. Die Fahrt endete nach wenigen Metern, und der Erfinder selbst ahnte nicht, dass er soeben begonnen hatte, die New Yorker Arbeitspferde (und nicht nur diese) in Pension zu schicken. Das Automobil revolutionierte das Transportwesen und veränderte nicht nur die Infrastruktur unserer Städte, sondern auch die Gesellschaft. Vorhergesehen hat das vor 100 Jahren niemand. Genauso wenig wie die Kernspaltung, die Verhütungspille oder den Computer.

Doch die Lösung von Problemen gebiert auch immer wieder neue Probleme. Das Industriezeitalter ersetzte Muskelkraft durch die fossile Energie. Und bei deren Verbrennung entstehen keine Pferdeäpfel, sondern unter anderem Kohlendioxid. So wie die New Yorker einst befürchteten, sie würden am Pferdemist ersticken, so ist die Menschheit heute in Sorge, das Kohlendioxid werde in der Atmosphäre gleichsam »bis zum Fenstersims« akkumulieren und unseren Planeten unbewohnbar machen.

Die Annahme erscheint genauso nachvollziehbar und begründet wie seinerzeit die Pferdemist-Prognose – und ist auch mit genauso viel Vorsicht zu genießen. Das liegt nicht nur daran, dass der Wandel des Klimas aufgrund natürlicher Prozesse nicht vorhersehbar ist. Auch der Einfluss des Menschen ist schwierig abzuschätzen, weil wir ja nicht wissen, wie die Menschen in 100 Jahren leben werden. Wir wissen weder, wie reich oder arm sie sein werden noch wie sie ihre Energie erzeugen werden. Dafür fehlt uns wohl die Fantasie – wie sie auch unseren Vorfahren gefehlt hat. »Alles, das erfunden werden kann, ist erfunden worden«, sagte Charles H. Duell, ein Beauftragter des amerikanischen Patentamtes – im Jahre 1899.

Tröstlich ist dabei, dass auch große Geister irren. Denken wir nur an Albert Einstein oder Franz Beckenbauer. Einstein meinte:»Es gibt nicht den geringsten Hinweis, dass Atomenergie jemals nutzbar sein wird.« Und Beckenbauer war sich 1990 sicher:»Wenn jetzt nach der Wiedervereinigung demnächst auch noch all die Fußballer aus dem Osten dazukommen, dann wird Deutschland auf Jahre hinaus unschlagbar sein.« Ein anderer deutscher Kaiser (Wilhelm II.) war ähnlich treffsicher:»Ich glaube an das Pferd. Das Automobil ist nur eine vorübergehende Erscheinung.«

Als der erste Mikrochip auftauchte, fragten Ingenieure von IBM:»Aber für was ist das gut?« Inzwischen wissen wir, wofür es gut ist. Beispielsweise um Zukunftsprognosen zu erstellen. Nachdem sich die Fehlbarkeit des menschlichen Geistes herumgesprochen hatte, wurden Computer mit dieser schwierigen Aufgabe betraut. Die Gefahr dabei: Wir irren weiterhin, aber auf viel höherem Niveau.

Die Idee, elektronische Rechner für die Vorhersage einzusetzen, kam dem Mathematiker John von Neumann schon 1950. Er war nicht nur ein hochkarätiger Wissenschaftler, sondern auch ein genialer Verkäufer. Und weil er Geld für den nächstgrößeren Computer brauchte, marschierte er ins Pentagon. Das große Thema war damals nicht die globale Erwärmung, sondern der Kalte Krieg. Der Mathematiker glaubte – und dies ganz im Ernst –, bestimmte Vorgänge in der Zukunft ließen sich mithilfe von Formeln exakt berechnen. Beispielsweise das Wetter vom nächsten Monat. Dieses Wissen wäre für militärische Einsätze höchst nützlich: Man könnte beispielsweise ein Landungsunternehmen auf einen Tag mit ruhiger See und dichtem Nebel terminieren. Die Generäle griffen tief in die Tasche, Neumann erhielt seine

Mittel und fing an zu rechnen. Doch die Operation verlief im Sande wie die Landung in der Schweinebucht. (John von Neumann soll später Vorbild für Stanley Kubricks satirischen Film »Dr. Seltsam oder: Wie ich lernte, die Bombe zu lieben« gewesen sein.)

In den sechziger Jahren entstand dann die erste große Prognose-Euphorie, und selbst nüchterne Wissenschaftler wurden vom orakelnden Zeitgeist erfasst. In den Buchhandlungen füllten Titel wie »Angriff auf die Zukunft« oder »Die amerikanische Herausforderung« die Regale. Die Konkurrenz um möglichst spektakuläre Voraussagen (und die daraus erhofften Forschungsgelder) führten zu verwegenen Sandkastenspielen – und einer Überschätzung der Prognose-Möglichkeiten. Nachdem John von Neumann am militärischen Wetterbericht gestrickt hatte, machte der Aachener Physik-Professor Wilhelm Fucks mit dem Bestseller »Formeln zur Macht« Furore. Fucks versprach, mit mathematischen Modellen die Entwicklung politischer Macht simulieren zu können. Dies war für Politiker aller Parteien eine verlockende Vorstellung, stellte sich aber zu deren Leidwesen als Irrtum heraus.

Auch der damalige Star-Futurologe Herman Kahn und sein Hudson Institute rechneten die Zukunft eifrig hoch und sahen eine »postindustrielle Gesellschaft« mit grenzenloser Freizeit voraus. Nicht vorausgesehen hat Kahn, dass die grenzenlose Freizeit mancherorts in Form von Arbeitslosigkeit kommen würde. Nach den Technik-Utopisten kamen die Propheten des Niedergangs. Der Biologe Paul Ehrlich veröffentlichte 1968 ein Buch mit dem Titel »The Population Bomb« (Die Bevölkerungsbombe). Er beklagte darin die rasante Zunahme der Kinderzahl und sagte ein

Desaster voraus. »Mehr als dreieinhalb Milliarden Menschen bevölkern bereits unseren sterbenden Planeten – und etwa die Hälfte von ihnen wird verhungern«, prophezeite Ehrlich, und die Weltöffentlichkeit nahm es für bare Münze. »Es wird dann in den zuerst betroffenen Regionen wie etwa Indien zu Milliarden Toten kommen«, glaubte auch Dennis Meadows, der im Auftrag des Club of Rome die »Grenzen des Wachstums« berechnet hatte. Danach sollten bis zum Jahr 2000 viele wichtige Rohstoffe, darunter auch das Erdöl, erschöpft sein.

Die beiden Forscher sagten Massen von Hungertoten ausgerechnet für die Weltregion voraus, die schon bald den rasantesten ökonomischen Aufschwung nahm: Südostasien. Statt in Hunger und Depression zu verfallen, nahmen Chinesen, Koreaner und Malaien den ehemaligen Kolonialherren die Märkte ab. Seit den siebziger Jahren des vorigen Jahrhunderts haben diese Länder keine großen Hungersnöte mehr heimgesucht. Die Entwicklung des einst von Nahrungsknappheit besonders bedrohten Indien wirft ein Schlaglicht auf die gewaltigen Leistungen, die die Menschen mithilfe neuer Technologien vielerorts vollbracht haben. Von 1968 bis zur Jahrtausendwende hat sich die Bevölkerung Indiens verdoppelt, seine Weizenproduktion mehr als vervierfacht und sein Sozialprodukt verneunfacht. Dennis Meadows ließ seinen »Grenzen des Wachstums« inzwischen »die neuen Grenzen des Wachstums« folgen. Die Botschaft bleibt die gleiche, nur wurde der Termin für das Eintreten der Grenzen verschoben. So wird die Uhr immer wieder auf fünf vor zwölf zurückgestellt.

Gegenwärtig befürchtet man nicht mehr, dass die Menschen zu arm, sondern dass sie zu reich werden könnten.

Wenn die Bevölkerung in China und Indien so leben wollte wie wir in Europa, dann bräuchten wir einen zweiten Planeten, heißt es. So rechnet der Weltklimarat IPCC die steigenden Emissionen der boomenden asiatischen Länder hoch und macht sie zur Grundlage für alarmierende Klimaszenarien. Die Weltgesundheitsorganisation WHO wiederum nimmt diese Szenarien und prophezeit, die globale Erwärmung werde in den aufblühenden Regionen schon bald zur Ausbreitung von Hungersnöten und Tropenkrankheiten führen. Es wird also von verschiedenen UN-Gremien gleichzeitig prophezeit, dass diese Länder aufblühen und niedergehen.

»Die weltweite epidemische Situation wird sich mit dem Klimawandel drastisch verändern, und der beschleunigte Meeresspiegel-Anstieg allein wird die Migrationsströme der Vergangenheit als vergleichsweise pittoreske Wanderungen in kleinen Gruppen erscheinen lassen«, meint auch der deutsche Physiker Hans Joachim Schellnhuber vom Potsdam-Institut für Klimafolgenforschung. Schellnhuber, Klimaberater der deutschen Bundeskanzlerin, ist auch ein guter Verkäufer und will »tausend mögliche Zukünfte« durchspielen. Im Keller seines Potsdam-Instituts für Klimafolgenforschung (PIK) steht dafür ein Teraflop Supercomputer.

In der Wissenschaftszeitschrift »Nature« stellte er seine »Erdsystem-Analyse« vor. Das Erdsystem »E« funktioniert nach der Gleichung »E = (N,H)«, wobei »N= (a,b,c...) und H = (A,S)«. »N« besteht aus einem System von »planetaren Subsphären« (a, b, c...), der humane Faktor »H« setzt sich aus der »Androsphäre« A und dem »globalen Subjekt« S zusammen. Schellnhuber schwärmt angesichts der Möglichkeit der Herausarbeitung einer »mathematischen Nachhaltigkeits-Ethik«, in deren Verlauf dann Leitplanken für ein verantwortliches »planetares Management« zu identifizieren und zu respektieren seien.

Das Denken in »Grenzen« und »Leitplanken«, das beinahe alle Umweltprognosen durchzieht, ist nicht neu. Es geht auf den schottischen Geistlichen Thomas Robert Malthus zurück. Der lebte im 18. Jahrhundert und sah sich von Armut und Hunger umgeben. Die Zahl der Slums um die großen Städte wie London und Manchester nahm erschreckend zu, über ein Drittel der Engländer war unterernährt, die Verzweiflung produzierte Hungeraufstände. Malthus suchte nach den Ursachen und formulierte seine Gedanken 1798 in seinem »Essay on the Principle of Population« (zu Deutsch: Das Bevölkerungsgesetz). Seine Kernthese lautete, dass Bevölkerungszahl und Nahrungsmittelproduktion sich naturgesetzlich auseinanderbewegen. Während sich die Ernte allenfalls linear steigern lasse, vergrößere sich die Bevölkerungszahl exponentiell. Deshalb müssten viele Menschen an Hunger sterben, wenn es nicht gelänge, die Geburtenrate signifikant zu senken.

Sein Essay trug ihm viel Kritik ein. Es wurde ihm unterstellt, er begrüße den Tod durch Pest und Pocken als willkommene Entlastung für die Überlebenden. Doch damit wird Malthus sicherlich unrecht getan. Er glaubte, ein Naturgesetz entdeckt zu haben, was jedoch nicht bedeutet, dass er die vermeintlich daraus erwachsenden Zustände guthieß. Die tatsächliche Entwicklung hätte Malthus vermutlich erleichtert, denn sie verlief in den angehenden Industrieländern, die er damals im Sinn hatte, vollkommen anders als von ihm vorhergesagt. Die industrielle Revolution,

Fortschritte in der Landwirtschaft und gesellschaftliche Veränderungen verbesserten die Lebensgrundlagen auch der unteren Schichten. Zur Zeit der Geburt von Malthus lebten auf dem Planeten etwa 750 Millionen Menschen, heute sind es über 6,6 Milliarden. Malthus hatte den menschlichen Erfindungsgeist, seine neuen technischen oder organisatorischen Fähigkeiten weit unterschätzt.

Der gedankliche Ansatz von Malthus behauptet sich bis heute und steckt auch in so manchem Supercomputer. Der Mensch lässt sich eben viel einfacher als Verbraucher und Zerstörer berechnen denn als Schöpfer und Gestalter: Der induktive Sprung, der plötzliche Geistesblitz, das Revolutionäre entzieht sich nämlich der Simulation. Die wahrhaft großen Revolutionen wurden bislang jedenfalls von fast niemandem vorhergesehen. Oft begannen sie kaum bemerkt in aller Stille. Doch nach und nach veränderten sie die Welt. Die ungeheure Macht der Antibabypille hat der Vatikan noch am ehesten erkannt. Das Auseinanderfallen der Sowjetunion und den Fall der Berliner Mauer hat kein Mensch, kein allgegenwärtiger Staatssicherheitsapparat und auch kein Teraflop-Computer vorausgesehen.

Während im Keller des Potsdam-Instituts die Leitplanken des Planeten fabriziert werden, arbeiten Forscher andernorts daran, die Fahrbahn breiter zu machen und die Spielräume zu erweitern. Etwa ein paar Straßen weiter am Potsdamer Max-Planck-Institut für Kolloid- und Grenzflächenforschung. Dort zerreibt Institutsdirektor Markus Antonietti einen winzigen Kohlekrümel auf seiner Handfläche und schnuppert genüsslich daran. Vielleicht ist der schwarze Splitter der Anfang einer neuen Ära der Energiewirtschaft. In einer kleinen Versuchsanlage wird ohne Umwege und komplizierte Verfahrensschritte aus Stroh, Holz, nassem Gras oder feuchten Blättern so eine Art »Zauberkohle«. Der Forscher hat ein extrem einfaches Verfahren erfunden, das den industriellen Kohlenstoff-Kreislauf revolutionieren könnte, denn es nutzt die gewaltigen Biomasse-Vorräte der Welt, um daraus Kohle, Humus oder Öl zu produzieren. Wer weiß, was daraus noch werden kann. Technische Fortschritte addieren sich nicht, sie potenzieren sich.

So wie einst das knatternde Automobil des Carl Benz die Pferdemist-Prognose über den Haufen warf, so kann der Geistesblitz eines einzigen Forschers die heutigen Kohlendioxid-Hochrechnungen obsolet werden lassen. Überall auf der Welt suchen einfallsreiche Menschen nach neuen Lösungen. Und dabei muss man nicht unbedingt an Europa oder die USA denken. Vielleicht kommt die rettende Idee ja auch aus einer ganz anderen Region. Alleine auf dem indischen Subkontinent verlassen jedes Jahr rund 200 000 englischsprachige Graduierte die wissenschaftlich-technischen Institute. Damit formiert sich die zweitgrößte Gemeinschaft englischsprachiger Wissenschaftler außerhalb der Vereinigten Staaten. Ranga Yogeshwar, Sohn eines indischen Wissenschaftlers und einer luxemburgischen Kunsthistorikerin, moderiert im deutschen Fernsehen erfolgreiche naturwissenschaftliche Sendungen. »Ein Land, das materiell arm ist, weiß, dass seine größte Chance in der Bildung liegt«, berichtet er. »In Indien kommt hinzu, dass intellektuelle Leistungen immer hoch geschätzt wurden, das reicht zurück bis Ghandi.« Wenn er früher aus Städten wie Neu-Delhi nach Deutschland zurückgekehrt sei, habe er stets das Gefühl gehabt, aus der Provinz zurückzukehren: »Heute erlebe ich es genau umgekehrt.«

Die Launen des Kosmos

Von den sonnigen Hügeln über Haifa hat der Betrachter einen schönen Blick hinunter auf das Mittelmeer und den Hafen. Am Stadtrand liegt der Campus des »Israel Institute of Technology«, auch »Technion« genannt. Der Aufstieg des kleinen Landes zu einer Hightech-Nation ist nicht zuletzt den hier versammelten kreativen Köpfen zu verdanken. Statt von Sand wird die Region heute vom Rohstoff Silizium geprägt. Die Ingenieure und Techniker ersannen auch viele jener Methoden, mit denen aus Wüsten blühende Gärten und fruchtbare Felder gemacht wurden.

In dieser inspirierenden Umgebung verbrachte Nir J. Shaviv seine Kindheit. Er wurde 1972 geboren und gilt als ein Shootingstar unter den Astrophysikern. Seine Mutter arbeitete als Professorin für Architektur am »Technion«, der Vater als Professor für Physik. Shavivs Elternhaus war kein gewöhnliches Haus, sondern so etwas wie ein Labor für Solararchitektur. Die passive Nutzung der Solarenergie für Gebäude hat in Israel eine lange Tradition, die bis in die dreißiger Jahre des vorigen Jahrhunderts zurückgeht. Mit einem Thermometer bewaffnet sammelte Nir schon als Grundschüler akribisch Daten, damit die Wirkung der solartechnischen Ideen seiner Eltern richtig beurteilt werden konnte. Nachts studierte der junge Amateur-Astronom mit seinem Fernrohr die Sterne.

Die Begeisterung für die Physik, die Sonne und den Kosmos sollten ihn nicht mehr loslassen. Professor Nir J. Shaviv ist inzwischen ein hoffnungsvoller Spross der Universität von Jerusalem, die man ohne Übertreibung als »Elite-Uni« bezeichnen darf. Albert Einstein war einer der Gründer der

Universität, die fortlaufend bis in jüngste Zeit eine ganze Reihe von Nobelpreisträgern hervorbrachte. Shaviv lebt in einem Vorort von Jerusalem. Nach Feierabend fordern die beiden Söhne den ganzen Papa – genau wie Mama, eine Spezialistin für Bionik. Die junge Familie unternimmt am Wochenende gerne Ausflüge und Wanderungen in der Umgebung. »Ich bin ein Naturliebhaber und betrachte mich als Umweltschützer«, sagt Shaviv. »Dinge wie Luftverschmutzung, Nachhaltigkeit oder Energiesparen liegen mir sehr am Herzen.« Wobei er Wert darauf legt, dass man auch auf diesem Gebiet vor lauter Herz den Verstand nicht vergisst: »Bevor ich mich für oder gegen etwas engagiere, versuche ich die Zusammenhänge genau zu verstehen, anstatt dem hinterherzulaufen, was die Medien gerade propagieren.« Nir Shaviv forscht am »Racah Institute of Physics«. Schon als Postdoktorand, während eines Auslandsaufenthalts an der Universität Toronto, beschäftigte ihn eine knifflige Frage. Welcher Taktgeber läutet die mysteriösen Klimaschwankungen zwischen den lang anhaltenden Warm- und Kaltzeiten der Erdgeschichte ein?

Er hatte da so eine Idee. Und dabei hatte ihn ein anderer junger Wissenschaftler inspiriert. Der dänische Physiker Henrik Svensmark hatte einige Zeit mit einer sogenannten Nebelkammer gearbeitet. Das Instrument galt über Jahrzehnte als das »Arbeitspferd« der Teilchenphysik. Darin können radioaktive und elektrisch geladene Teilchen nachgewiesen werden, weil sie in einem übersättigten Gas eine Nebelspur hinterlassen. Bei seinen Experimenten kam Svensmark der Gedanke: Könnte es sein, dass die Erdatmosphäre so etwas wie eine große Nebelkammer ist? Und dass die winzigen Teilchen der kosmischen Strahlung einen Einfluss auf die Wolkenbildung haben?

Kollegen von Svensmark hatten zuvor einen auffallenden Zusammenhang zwischen der Erdtemperatur und einem schnelleren Sonnenfleckenzyklus beobachtet. Außerdem wusste man, dass mit diesem Zyklus auch die kosmische Strahlung schwankte. Und so fügte sich allmählich eine Hypothese zusammen. Als Svensmark Satellitendaten über die Ausdehnung der Wolkendecke auswertete, schwankte diese nach seiner Analyse synchron mit der kosmischen Strahlung.

Welchen Temperaturunterschied es ausmacht, wenn sich im Sommer ein Wolke vor die Sonne schiebt, hat jeder schon auf der eigenen Haut erfahren. Etwa die Hälfte der Erde ist im Schnitt mit Wolken bedeckt. Wie schon erwähnt, liegt die auf die Erde einstrahlende Sonnenenergie im Durchschnitt bei 342 Watt pro Quadratmeter. Wolken können davon knapp 80 Watt (also so viel wie eine starke Glühbirne) reflektieren oder absorbieren. Eine Änderung der Wolkenbedeckung um nur wenige Prozent hat also enorme Auswirkungen auf die Erdtemperatur. Das verdeutlicht auch folgender Vergleich: Der zusätzliche Treibhauseffekt durch mehr Kohlendioxid macht seit dem Beginn der Industrialisierung bis dato eine zusätzliche Strahlungsenergie von etwa 1,5 Watt pro Quadratmeter aus. Das ist in etwa so, als leuchte über jedem Quadratmeter der Erdoberfläche zusätzlich ein kleines Fahrradbirnchen. Verringert sich zu einem Zeitpunkt die Decke kühlender Wolken um nur zwei bis drei Prozent, dann hätte dies bereits den gleichen Effekt wie die gesamte Kohlendioxid-Zunahme des 20. Jahrhunderts.

Man muss sich die kosmische Strahlung wie einen unsichtbaren Sandsturm vorstellen, der unentwegt auf die Erdatmosphäre einprasselt. Beim Aufprall bilden die Partikel Millionen noch kleinerer Teilchen, so ähnlich wie eine platzende Silvesterrakete. Entdeckt wurde die kosmische Strahlung am Anfang des vorigen Jahrhunderts, als der Österreicher Viktor Hess einen Geigerzähler mit auf einen Ballonflug nahm. So ein Gerät registriert energiereiche Teilchen, wie sie von radioaktiven Atomen, etwa Uran, ausgeschickt werden. Nachdem die Radioaktivität zunächst mit wachsendem Abstand von der Erde sank, nahm sie in der Höhe plötzlich wieder zu. Die Signale mussten also aus dem All kommen. Die kosmische Strahlung war entdeckt, und Hess erhielt dafür den Nobelpreis für Physik.

Am europäischen Kernforschungszentrum CERN in Genf hängt in einer Ausstellung für die Besucher ein Detektor, auf dem der Partikelsturm wie rasende Sternschnuppen herabregnet. Während Sie dies lesen, zischen pro Sekunde zwei solcher Winzlinge durch ihren Körper hindurch. Im Hochgebirge oder während eines Fluges sausen noch viel mehr davon auf uns herab. Das Magnetfeld der Sonne, aber auch das der Erde schirmen die Atmosphäre teilweise gegen die kosmische Strahlung ab. Verändern sich diese Magnetfelder – und das tun sie häufig –, dann verändert sich auch der bis zur unteren Atmosphäre durchkommende Partikelschauer.

Nir Shaviv grübelte deshalb über der Frage: Könnte die kosmische Strahlung auch etwas mit Klimaveränderungen auf den ganz langen erdgeschichtlichen Zeitskalen zu tun haben? Das Problem dabei: Eine Grundannahme der Wissenschaft lautete, dass der kosmische Strahlenfluss selbst seit Jahrmillionen konstant verlaufe (und auf der Erde lediglich mehr oder weniger abgeschirmt werde). Meteoritenforscher hatten auf Basis dieser Grundannahme das

Alter von Eisenmeteoriten bestimmt. Sie werden durch die Bestrahlung radioaktiv – je älter, desto radioaktiver. Glaubte man zumindest. Shavivs jugendlich-ketzerische Frage lautete nun: Was passiert, wenn die kosmische Strahlung da draußen gar nicht konstant ist, sondern sich ändert? Dann könnte sie möglicherweise nicht nur für kurzfristige Klimaveränderungen verantwortlich sein, sondern auch für jene lang anhaltenden Umschwünge, die auf der Skala von Jahrmillionen ablaufen.

Unser Sonnensystem befindet sich am Rande der Milchstraße und saust dort periodisch durch ihre vier Spiralarme, deren Namen von Captain Kirk stammen könnten: Norma, Scutum-Crux, Sagittarius-Carina und Perseus. In diesen Spiralarmen ist die Hölle los, denn dort entstehen und sterben viele Sterne, gelegentlich explodiert auch mal eine Supernova, was zielmlich viel Staub aufwirbelt. Shavivs plausible Hypothese lautete nun, dass sich die Strahlung bei dem Durchqueren dieser unruhigen Passagen massiv verstärken müsse. Und die Hinweise darauf suchte er in eben jenen Eisenmeteoriten, deren Altersangaben dann systematisch verzerrt sein müssten. Tatsächlich fand er auffällige Schwankungen der Häufigkeit, mit denen bestimmte Altersklassen auftauchen. Sie schwankte mit einer Periodizität von 143 Millionen Jahren, was erstaunlich gut mit einer zuvor erstellten Modellrechnung zum Galaxieflug übereinstimmte. Doch damit nicht genug: In der geologischen Literatur stieß Shaviv dann auf ähnliche Zeiträume für das Aufkommen von erdgeschichtlichen Kaltzeiten. Shaviv war offenbar einer großen Sache auf der Spur. Die Arbeit des jungen Doktoranden wurde von dem angesehenen Fachblatt »Physical Review Letters« zur Veröffentlichung akzeptiert.

Doch damit ging die wissenschaftliche Schnitzeljagd eigentlich erst richtig los. Nir Shaviv stieß auf einen Artikel in der Wissenschaftszeitschrift »Nature«, der von dem Geowissenschaftler Jan Veizer stammte. Veizer forschte an den Universitäten in Bochum und Ottawa und hatte sich intensiv mit der geologischen Evolution der Erde beschäftigt, was ihm große Anerkennungen einbrachte. In Deutschland hatte er den seinerzeit mit drei Millionen Mark dotierten Leibniz-Preis der deutschen Forschungsgemeinschaft (DFG) zugesprochen bekommen. Von der DFG und der Royal Society of Canada wurde er als einer der »kreativsten, innovativsten und produktivsten Geowissenschaftler der Welt« gewürdigt. Veizer zeichnet dabei eine beinahe schüchterne Bescheidenheit aus (eine Charaktereigenschaft, die bei Spitzenforschern gar nicht so selten anzutreffen ist).

Das Geld des Leibniz-Preises investierte er in ein wissenschaftliches Projekt, von dem er schon lange geträumt hatte. Alle geologischen Veränderungen und das Leben der Erdgeschichte haben Spuren in Fossilien und Sedimenten hinterlassen, aus denen man im Nachhinein einige Bedingungen der Erdgeschichte ablesen kann. Doch immer wieder verfälschen oder erschweren fehlerhafte und unzuverlässige Daten die für die Zukunft so wichtige Rekonstruktion der Vergangenheit. Fehler, die bei der Einordnung oder Analyse von Proben gemacht wurden, sind wie Treibsand, auf dem falsche Hypothesen errichtet werden.

Deshalb schwärmten in Jan Veizers Auftrag junge Wissenschaftler aus, um neue Proben zu nehmen. »Für ein solches Projekt hätte ich nie die öffentlichen Forschungsmittel bekommen, zumindest nicht zu meinen Lebzeiten«, meint der Geowissenschaftler. Die Suchtrupps fahndeten nach

Kalkschalen von sogenannten Armfüßern (Brachiopoden), mit denen die Meerestemperaturen der Vergangenheit gut rekonstruiert werden können. Veizers Emissäre sammelten Tausende solcher Zeugen der Vergangenheit, und aufwendige Laboranalysen brachten sie zum Sprechen. Jan Veizer rekonstruierte daraus die Meerestemperaturen der vergangenen 545 Millionen Jahre und konnte anhand dessen auch das Aufkommen von Warm- und Kaltzeiten bestimmen.

Er erwartete, im Zuge einer Rekonstruktion des Urzeitklimas einen Nachweis für Kohlendioxid als Antreiber des Klimas zu finden – was die Hypothese vom »menschlichen Fingerabdruck« in jüngster Zeit plausibel gemacht hätte. Veizer ging von der vorherrschenden Lehrmeinung zum Klimawandel aus. Doch er konnte das verdächtige Kohlendioxid in seinen Proben und Daten partout nicht überführen. »Ich bin seit Jahren in einem inneren Kampf«, sagt er, »hin- und hergerissen zwischen dem, was ich gerne glauben würde, und dem, was die empirische Datenlage und die Logik mir sagen.« Man kann es verstehen: Ein Vergleich der Temperaturdaten mit den rekonstruierten Konzentrationen von Kohlendioxid in der Atmosphäre über viele Hundert Millionen Jahre ergab keine schlüssige Korrelation. »Wäre Kohlendioxid in der Erdgeschichte Antreiber des Klimas gewesen, hätte seine Konzentration teilweise 1000- bis 10 000-mal höher sein müssen als heute«, sagt Veizer – nur war sie das nicht.

Und an dieser Stelle kam Nir Shaviv ins Spiel. Der schickte dem Geowissenschaftler sogleich eine Mail: »Sehr geehrter Herr Veizer, was halten Sie davon, Ihre Rekonstruktion anstatt mit dem Kohlendioxid-Gehalt einmal mit dem jeweiligen kosmischen Strahlungsfluss abzugleichen?« Veizer fand das zumindest einen Versuch wert. »Wir trafen uns in einem Hotel in Toronto und tranken ein Bier«, erinnert sich Shaviv. Dann packten sie die Ordner aus und machten sich an die Arbeit. Und beim Vergleich ihrer Erkenntnisse waren sie schon nach kurzer Zeit elektrisiert. Die Rekonstruktion der kosmischen Strahlungsänderungen in den vergangenen 600 Millionen Jahren und die paläoklimatische Klimarekonstruktion der vergangenen 550 Millionen Jahre zeigten eine verblüffende Übereinstimmung. Veizer hatte in den Sedimentproben etwa die gleiche Periodenlänge von 140 Millionen Jahren gefunden, wie sie Shaviv aus seinen Meteoritenproben errechnet hatte. An diesem Abend wurde die Basis für eine Freundschaft und für ein neues wissenschaftliches Papier gelegt. Das veröffentlichte im Jahr 2003 die Zeitschrift der »Geological Society of America« (GSA). Darin kamen die beiden – grob gesagt – zu dem Schluss, dass die kosmische Strahlung der »Hauptmotor für Erwärmung und Abkühlung« des Planeten sein könnte. Bis dato ließen sich etwa zwei Drittel der Temperaturschwankungen der Erde mit der kosmischen Strahlung erklären – bis in die Gegenwart hinein.

Die Kausalkette dafür scheint plausibel und lässt sich physikalisch schlüssig erklären. Je stärker das Magnetfeld der Sonne ist, desto mehr schirmt sie die Erde gegen den Partikelsturm ab. Nun hat sich das Magnetfeld der Sonne im 20. Jahrhundert verdoppelt (!). Auch das Magnetfeld der Erde hat sich in dieser Zeit verändert. Weil unser Planet dadurch besser abgeschirmt wird, bilden sich in den unteren Schichten weniger kühlende Wolken: Es wird wärmer. In der Perspektive von Jahrmillionen lassen sich so die Eiszeiten mit der Wanderung durch die Spiralarme der Galaxie erklären. Auf kürzeren Zeitskalen wird die auf die Atmosphäre treffende kosmische Strahlung vom Magnetfeld der Sonne und Erde moduliert.

Selbst der geheimnisvolle Zusammenhang, der schon seit Jahrhunderten zwischen den Sonnenflecken und Klimaschwankungen auf der Erde hergestellt wird, erscheint plötzlich erklärbar. Schon vor 200 Jahren behauptete der Astronom Sir William Herschel, die Getreidepreise in England seien niedriger, wenn auf der Sonnenoberfläche besonders viele dunkle Flecken vorhanden seien. Wenn viele solcher Sonnenflecken auftreten, ist das Magnetfeld unseres Zentralgestirns tatsächlich besonders stark. Die Sonne hält dann mehr kosmische Strahlung von der Erde fern. Ende des 20. Jahrhunderts hatte die Sonne etwa doppelt so viele Flecken wie an seinem kühleren Beginn. Die extreme Kälte am Ende des 17. Jahrhunderts während der »kleinen Eiszeit« fiel hingegen mit einem fast vollständigen Fehlen von Sonnenflecken zusammen (»Maunder-Minimum«).

Die Forscher früherer Jahrhunderte könnten gewissermaßen aus den falschen Gründen zu richtigen Ergebnissen gekommen sein. Sie dachten nämlich, dass die Strahlkraft der Sonne mit der Zahl ihrer Flecken schwanke und somit die Temperatur auf der Erde direkt beeinflusse. Das ist aber nur bedingt richtig, denn die Strahlungsunterschiede sind zu gering, um die Temperaturen im beobachteten Ausmaß zu beeinflussen. Erst der indirekte Zusammenhang, der sich durch die Änderung des Magnetfelds, die Modulation der kosmischen Strahlung und ihrem Einfluss auf die Wolkendecke ergibt, macht die Sache erklärbar. Es besteht also tatsächlich eine Korrelation, der Mechanismus ist aber ganz anders als gedacht.

In der wissenschaftlichen Literatur der vergangenen Jahre akkumulieren weitere Erkenntnisse, die zu einem tieferen Verständnis der Strahlungshypothese beitragen. Denn inzwischen ist der physikalische Mechanismus erklärt, mit dem die Wolkenbildung beeinflusst wird. Bislang konnte man das nur vermuten, hatte aber weder entsprechende Beobachtungen noch experimentelle Nachweise zu bieten. Wissenschaftler des Max-Planck-Instituts für Kernphysik in Heidelberg packten 2003 ein eigens entwickeltes Massenspektrometer in ein Forschungsflugzeug und stiegen bis zu zehn Kilometer auf. Mit dem hochempfindlichen Messgerät konnten sie nachweisen, dass kosmische Strahlungsteilchen unter bestimmten Bedingungen tatsächlich zu »Keimen« für die Wolkenbildung heranwachsen.

Auch Henrik Svensmark ließ die Sache trotz lange fehlender Forschungsmittel nicht ruhen. Er arbeitet inzwischen am dänischen »National Space Center« in Kopenhagen. Dort, im Juliana Maries Veij, prasseln – wie auf jedes andere Gebäude der Welt auch – kosmische Partikel auf das Dach und sausen hinab in den Keller. Bevor sie im Boden verschwinden, durchqueren einige davon eine geheimnisvolle Box, die mit verschiedenen Gasen gefüllt ist. In einer komplizierten Kettenreaktion produzieren sie tatsächlich jene Keime, die dem Heranwachsen von Wolken förderlich sind. Den Dänen ist damit erstmals ein physikalisches Experiment gelungen, das die bisherigen Vermutungen bestätigt. Svensmark stellte es in den renommierten »Proceedings« der Royal Society vor. Und es geht weiter: Forscher aus 18 Instituten und neun Ländern haben sich inzwischen zu einem Großprojekt »Cloud« (Wolke) zusammengetan, um unter anderem mit einem Experiment am europäischen

Kernforschungszentrum CERN genauer zu erfahren, ob und wie der diskutierte Erklärungsansatz für den Einfluss der Sonnenaktivität auf unser Klima funktioniert.

Das jüngste Indiz kommt hingegen vom anderen Ende der Welt – vom Südpol. Die globale Erwärmung scheint nämlich ohne die Antarktis stattzufinden, wo es vielerorts sogar kälter geworden ist. Der UN-Klimarat IPCC schreibt in seinem aktuellen Bericht, man glaube, in den vergangenen 50 Jahren auf allen Kontinenten eine vom Menschen gemachte Erwärmung beobachten zu können, »außer in der Antarktis«. Weil das Faktum in zwei kleinen Nebensätzen versteckt ist, wird es von den Medien praktisch nicht wahrgenommen. (Wenn in Sensationsberichten von einer Erwärmung am Südpol die Rede ist, dann bezieht sich das in der Regal auf die westantarktische Halbinsel. Sie macht aber nur sieben Prozent der gesamten Landmasse aus und ist ein Sonderfall, weil sie wie ein abgespreizter Finger weit ins Meer hinausragt.)

Die deutsche Forschungsstation Neumayer II liegt auf dem Ekström-Schelfeis vor dem antarktischen Festland. Im Sommer begleitet die Forscher ein eigentümlicher Lärm. Von der Schelfeiskante hallt das Gekrächze von vielen Tausend Kaiserpinguinen herüber. Jungtiere schreien nach Nahrung, und die Elterntiere schwärmen ins offene Meer aus, um den Nachwuchs satt zu kriegen. Viele Vogelarten treffen heute neun Tage später an ihren Brutplätzen in der Ostantarktis ein als vor 50 Jahren. Auf der Nordhalbkugel fangen viele Vögel umgekehrt immer früher an zu brüten, was als natürlicher Indikator für eine Erwärmung gilt.

Von den unterirdischen Räumen der Forschungsstation sind nur die Ausstiegstürme zu sehen. Seit die Station 1992 errichtet wurde, sind die Wellblechröhren mitsamt Wohn- und Laborcontainern rund sieben Meter versunken, denn der jährliche Neuschnee schmilzt nicht, sondern verdichtet sich zu Eis. Die benachbarte Halley-Station der Briten konnte 2002 nicht mit dem Schiff versorgt werden, weil auftürmendes See-Eis zum ersten Mal seit 44 Jahren die Zufahrt für Schiffe blockierte. Auf Neumeyer II wurden am 24. Juni 2006 während des Südpolar-Winters minus 48,1 Grad gemessen – absoluter Kälterekord an der Forschungsbasis des Alfred-Wegener-Instituts für Polar- und Meeresforschung. Im Vergleich zu den Temperaturen im Inneren des eisigen Kontinents ist das aber noch gemäßigt. Am Kältepol nahe der russischen Station Vostok wurde 1983 die kälteste jemals registrierte Lufttemperatur gemessen: minus 89,6 Grad.

In den vergangenen Jahrzehnten hat sich die Antarktis im Durchschnitt eher abgekühlt. Die Klimamodelle der Forscher sagen aber unisono voraus, dass die globale Erwärmung an den Polen weitaus am stärksten ausfallen werde – und zwar an Nord- und Südpol gleichermaßen. Doch das ist einfach nicht der Fall. Warum tanzt die Antarktis aus der Reihe, und wie lässt sich das erklären? Wissenschaftler des Alfred-Wegener-Instituts haben Eisbohrkerne der Antarktis mit denen von Grönland verglichen und die Zeiten von 20 000 bis 55 000 Jahre vor heute miteinander verglichen. Der Planet unterliegt zwar insgesamt Kalt- und Warmzeiten. Innerhalb dieser gibt es allerdings so etwas wie eine »interne« Variation. Immer wenn es am Nordpol wärmer wurde, kühlte die Antarktis ab und umgekehrt. Die Forscher sprechen von einer »bipolaren Klimaschaukel« und vermuten, dass sich jeweils verändernde Meeresströmungen der Grund dafür sein könnten.

Es kann aber auch ganz anders sein. Henrik Svensmark glaubt, eine einfachere Lösung des Rätsels gefunden zu haben. Stutzig machte ihn, dass sich selbst kleinste Temperaturschwankungen spiegelbildlich auf der jeweils anderen Hemisphäre zeigen. Und dies sofort und praktisch ohne Zeitverzug. Meeresströmungen reagieren aber träge und mit erheblichem zeitlichen Abstand. Der Däne durchforschte die Satellitendaten, die zur Strahlungsbilanz der Erde vorliegen (»Earth Radiation Budget Experiment«). Und er fand, was er vermutet hatte: Es könnte mal wieder an den Wolken liegen. Jene Wolkenschichten unterhalb von 3000 Metern, die unter dem Strich eine abkühlende Wirkung haben, bewirken in der Antarktis offenbar das genaue Gegenteil wie im Rest der Welt: Sie wärmen. Wie das? Ganz einfach: Die riesigen Schneeweiten der Antarktis bilden die weißeste Fläche des Planeten, heller als die Oberflächen der Wolken. Der Südpol ist ein regelrechter Spiegel aus Schnee und wirft mehr wärmende Strahlen zurück, als die Wolken es tun könnten. Mit zunehmender Bewölkung wird es deshalb wärmer – mit abnehmender kälter. In Grönland ist dieser Effekt weniger ausgeprägt, weil das Eisschild viel kleiner und auch nicht so gleißend wie das antarktische ist. Während die Antarktis vollkommen isoliert liegt, ist Grönland auch durch Winde und Meeresströmungen stark an das nordatlantische Klima gekoppelt. »Die Antarktis ist die Ausnahme, die die Regel bestätigt«, glaubt Henryk Svensmark. Wenn weniger kosmische Strahlung auf die Erde trifft, wird es in der Antarktis deshalb kälter – und im Rest der Welt wärmer. Den Ausdruck »antarktische Klimaschaukel« hält er deshalb nicht für treffend und spricht lieber von einer »antarktischen Klimaanomalie«.

Diejenigen, die vollständig auf das Kohlendioxid als Klimasünder setzen, stehen angesichts von Phänomenen wie der antarktischen Abkühlung ziemlich ratlos da. Und dies ist nicht der einzige Fall, der ihnen zu schaffen macht: Eisbohrkerne zeigen eindeutig, dass in der Vergangenheit zunächst immer die Temperatur anstieg und die Kohlendioxidkonzentration erst mit einer Zeitverzögerung von etwa 800 Jahren folgte. Kohlendioxid kann also zumindest in der Vergangenheit nicht die treibende Kraft gewesen sein. Doch auch aktuell passt die jüngste Abkühlung, die den Planeten zwischen 1940 und 1970 ergriff, nicht zu den in dieser Zeit stark ansteigenden Kohlendioxidkonzentrationen (sie wird deshalb mit der wachsenden Luftverschmutzung erklärt, die einen kühlenden Schirm aus Aerosolen gebildet habe).

Bislang gilt das Kohlendioxid ja auch nur deshalb als überführt, weil kein anderer Verdächtiger geblieben war. Doch das hat sich in den vergangenen Jahren geändert. Handelte es sich um einen Gerichtsprozess, so müsste man von einer ziemlich beeindruckenden Indizienkette sprechen, die die Staatsanwaltschaft hinsichtlich der kosmischen Strahlung zusammengetragen hat. Man hat den physikalischen Mechanismus der Wolkenbildung nachgewiesen. Man hat das Klimageschehen auf der Zeitskala von Jahrmillionen und Jahrtausenden erklärt. Man kann auch jüngere Klimaereignisse wie die mittelalterliche Warmzeit oder die kleine Eiszeit schlüssig erklären. Selbst die starke Erwärmungsphase vor 1940 und die darauf folgende klimatische Abkühlungsphase, die zwischen 1950 und 1970 stattfand, spiegelt sich deutlich in den Schwankungen der kosmischen Strahlung wider. In jedem Fall sieht Jan Veizer das Erdklima in enger Abhängigkeit vom »kosmischen Klima«.

Ganz verschiedene Mysterien können so plötzlich relativ einfach mit dem gleichen Mechanismus konsistent erklärt werden. Die Verfechter der Kohlendioxid-These benötigen hingegen auffallend viele verschiedene Hilfskonstruktionen, um die Beobachtungen in Einklang mit der Theorie zu bringen. Die Abkühlung zwischen 1940 und 1970 ist ein gutes Beispiel dafür, wie widersprüchlich ihre Argumentation dabei bisweilen gerät. Wolken, die Partikel aus der Luftverschmutzung produzierten, sollen die Erde abgekühlt und so den Treibhauseffekt für drei Jahrzehnte überlagert haben. Das hält die Kohlendioxidthese aufrecht und wird willig akzeptiert (obwohl, wie gesagt, die Luftverschmutzung nicht verschwunden ist, sondern sich nach Asien verlagert hat). Was für Partikel gilt, die von der Erde in die Atmosphäre gelangen, soll aber nicht für Partikel gelten, die von oben aus dem Kosmos auf uns einprasseln und ebenfalls Wolken produzieren – denn das würde ja die Wirkung der kosmischen Strahlung bestätigen.

Wenn zwei Theorien konkurrieren, dann kommt normalerweise »Ockhams Skalpell« zur Anwendung. Dies besagt, dass von mehreren Theorien, die den gleichen Sachverhalt erklären, die einfachste vorzuziehen ist. Oder wie es die Amerikaner formulieren: »Keep it simple, stupid« (KISS). Der Hintergedanke dabei ist auch, dass Hypothesen mit wenigen Annahmen einfacher zu falsifizieren sind als komplexe Hypothesen. Ockhams Skalpell besagt nicht, welche These zutrifft, sondern welche im direkten Vergleich plausibler erscheint. Jan Veizer und Nir Shaviv glauben Ockhams Skalpell auf ihrer Seite zu haben.

Sie gestehen aber durchaus zu, dass die durch menschlichen Einfluss steigenden Kohlendioxidwerte sich in den vergangenen Jahrzehnten erwärmend auf die Erdatmosphäre auswirken. Kohlendioxid aus der Verbrennung fossiler Rohstoffe kann nach ihrer Ansicht den Treibhauseffekt intensivieren – aber nicht das Klima antreiben. Es könnte sich deshalb herausstellen, dass die Wirkung von Kohlendioxid überschätzt wird. Möglicherweise treffen auch beide Hypothesen zu und die Wahrheit liegt irgendwo dazwischen.

Für die Vergangenheit wird inzwischen auch von vielen Anhängern der Treibhausthese ein möglicher Einfluss der kosmischen Strahlung auf das Klima zugestanden. Aber an der Gegenwart scheiden sich nach wie vor die Geister. Der Engländer Mike Lockwood und der Schweizer Claus Fröhlich legten Mitte 2007 eine Studie vor, in der sie solare Aktivitäten als Ursache für die beobachtete Erwärmung in den Jahren ab 1985 ausschließen. Seit diesem Zeitpunkt hätte die Sonnenaktivität abgenommen und die Temperaturen zugenommen.

Dies könnte tatsächlich ein Hinweis darauf sein, dass die Wirkung der Treibhausgase zumindest in den vergangenen zwei Jahrzehnten überwogen hat. Es könnte aber auch anders sein. Zunächst einmal muss man festhalten: Auch diese Studie schließt nicht aus, dass etwa drei Viertel der im vergangenen Jahrhundert auf der Erde beobachteten Erwärmung kosmische Ursachen haben könnte. Für den weitaus größten Teil dieses Zeitraums korreliert die Klimaentwicklung mit der kosmischen Strahlung – und auch für die beiden vergangenen Jahrzehnte liegen die Dinge nicht so klar wie behauptet.

Beispielsweise darf man nicht vergessen: Wenn sich klimatische Einflussgrößen verändern, so folgt die Erdtemperatur darauf meist mit einer gewissen zeitlichen Verzögerung. Ein einfaches Beispiel: Während die Sonneneinstrahlung im

Jahresverlauf am 21. Juni am größten ist, steigen die Temperaturen erst im Juli und August auf ihr höchstes Niveau. Wenn man nur die Zeit von Juni bis August betrachtet, könnte man auf die Idee kommen, dass abnehmender Sonnenschein höhere Temperaturen verursacht. Und um solche Irrtümer zu vermeiden, muss die Wissenschaft bei globalen Veränderungen lange Zeiträume berücksichtigen, die Zeitverzögerung zwischen Ursache und Wirkung kann hier Jahre oder Jahrzehnte betragen. Das liegt vor allem an der dämpfenden Wirkung der in den Ozeanen gespeicherten Wärme. Die Sonnenaktivität hat im 20. Jahrhundert insgesamt erheblich zugenommen und die in dieser Zeit vom Planet aufgenommene Wärme wirkt möglicherweise noch fort.

Wer sich die Temperaturentwicklung der vergangenen Jahrzehnte genau anschaut, macht aber noch eine andere überraschende Feststellung. So hat die Welt sich von 1975 bis 1998 erwärmt. 1998 war ein Wärmerekordjahr, weil die zyklische Meereserwärmung El Niño in besonders starker Ausprägung auftrat. Seitdem ist es anders. Die Jahrestemperaturen der vergangenen Jahre verharren auf etwa dem gleichen – wenn auch hohen – Niveau. Die Unterschiede zwischen den einzelnen Jahren liegen innerhalb der Fehlertoleranzen, rein statistisch verläuft die Temperaturkurve bis einschließlich 2006 flach. Auch die in den Ozeanen gespeicherte Wärmemenge hat seit einigen Jahren nicht mehr zugenommen. Das alles kann Zufall sein und sich morgen schon ändern. Es könnte aber auch eine verzögerte Reaktion auf eine Trendumkehr bei den solaren Einflussgrößen sein. Darüber hinaus: Die abflachende Temperaturkurve will auch nicht recht zur Kohlendioxidhypothese passen, denn der Ausstoß der Treibhausgase weist ja seit Jahrzehnten in gerader

Linie nach oben. Ein paar Jahre sind allerdings zu wenig, um seriös einen Widerspruch herleiten zu können. Nur sollte man dieses Argument für beide Hypothesen gelten lassen.

Prinzipiell ist es wenig plausibel, dass die natürlichen Einflüsse, die für die rasche Erwärmung in der Erdgeschichte eingeräumt werden, plötzlich aufgehört haben sollen zu existieren. Nir Shaviv hat die Temperaturwirksamkeit der kosmischen Strahlung in der Vergangenheit auf die heutige Zeit umgerechnet. Er kommt zu dem Ergebnis, dass etwa ein halbes Grad der Erwärmung der vergangenen 100 Jahre mit der kosmischen Strahlung erklärt werden kann. Insgesamt hat sich die Erde in diesem Zeitraum um etwa 0,7 Grad erwärmt. »Natürlich hat auch unser Modell des klimatischen Geschehens Schwächen und birgt viele Unsicherheiten«, gesteht Jan Veizer zu, »aber das ist bei der Kohlendioxid-Hypothese mindestens in gleichem Maße der Fall.«

Shaviv und sein Freund Veizer waren deshalb ziemlich erstaunt über den Sturm der Entrüstung, der ihnen von manchen etablierten Klimaforschern ins Gesicht blies. Ihre Arbeit wurde offenbar als Frontalangriff auf die herrschende Lehrmeinung empfunden. Nir Shaviv sieht es gelassen: »Erstens haben die Angriffe uns und unserer Arbeit viel Publizität gebracht. Zweitens kann sich jeder qualifizierte Wissenschaftler selbst ein Bild von der Qualität unserer Forschung machen. Und drittens: Wenn jemand unbedingt auf mich einteufeln will, um später einmal als Narr dazustehen, bitte!« Shaviv ist überzeugt, dass die größere Bedeutung der kosmischen Strahlung auf das Klima langfristig mehr und mehr Akzeptanz finden wird: »Es braucht oft etwas Zeit, bis neue Ideen anerkannt werden.«

Wedelt der Schwanz mit dem Hund?

Der Vulkan Pinatubo im Zentrum der Insel Luzon galt als erloschen. Doch dann begann die Umgebung 1991 immer wieder zu beben, und auch andere unheilvolle Vorzeichen häuften sich. Schließlich wurden 350 000 Menschen rings um den Berg evakuiert. Zum Glück, wie man heute weiß: Im Juni 1991 kam es zu mehreren gewaltigen Eruptionen. Sie waren so heftig, dass die Seismografen der 40 Kilometer entfernten amerikanischen Clark Air Base ausgeschaltet werden mussten. 300 Meter der Bergspitze flogen mit in die Luft und riesige Mengen Asche wurden bis in 34 Kilometer Höhe geschleudert. Im Zentrum der Insel herrschte mitten am Tag rabenschwarze Nacht.

Doch es gab auch globale Auswirkungen. Insgesamt wurden zehn Kubikkilometer Material ausgeworfen. 17 Millionen Tonnen an Aerosolen und Staub gelangten in die Atmosphäre.

Sie schirmten das Sonnenlicht auf dem ganzen Globus verstärkt ab und lieferten den Menschen auf der Nordhalbkugel spektakuläre Sonnenuntergänge. Und auch das Klima reagierte: Es kam im Durchschnitt zu einer weltweiten Abkühlung von fast einem halben Grad. Das machte kurzfristig die gesamte globale Erwärmung der 100 Jahre zuvor rückgängig. Nach drei Jahren stellte sich die ursprüngliche Globaltemperatur wieder ein.

Aber es geschah etwas noch viel Überraschenderes. Mit den sinkenden Temperaturen nach dem Vulkanausbruch ging auch die globale Zunahme des Kohlendioxids in der Atmosphäre auffallend zurück (von 2,5 Teilen pro Million 1987/88 auf 0,6 Teile pro Million 1991/1992) – und dies, obwohl die Menschheit weiter unverdrossen Kohlendioxid in die Luft pustete. Kühlere Vegetationszeiten führten nach der Untersuchung eines internationalen Wissenschaftlerteams dazu, dass abgestorbenes organisches Material langsamer abgebaut wurde und mehr Kohlenstoff im Boden verblieb anstatt auszugasen. Dies sei der dominierende Effekt gewesen, der den menschlichen Einfluss überlagert habe. Das ist leicht vorstellbar, wenn man sich die jährlich in der Atmosphäre ausgetauschten Kohlenstoffmengen einmal in ihren Relationen anschaut: Die Natur wälzt Jahr für Jahr über 200 Milliarden Tonnen Kohlenstoff in Form von Kohlendioxid um, der Mensch emittiert rund sieben Milliarden Tonnen. Etwa die Hälfte des menschlichen Anteils verschwindet darüber hinaus in nicht genau bekannten natürlichen »Senken« (meistens werden die Ozeane als Speicher vermutet). Insgesamt befinden sich etwa 730 Milliarden Tonnen Kohlendioxid in der Erdatmosphäre, die alle paar Jahre umgeschlagen werden.

In gewisser Hinsicht war der Ausbruch des Pinatubo ein – wenn auch ungewolltes – Experiment. Und das ergab: Die Kohlendioxidemissionen folgten nach dem Ausbruch des Vulkans eindeutig dem Temperaturverlauf – und nicht umgekehrt. Ändert sich die Erdtemperatur – aus welchen Gründen auch immer – so zieht der Kohlenstoffkreislauf offenbar nach. Da stellt sich natürlich die Frage: Wer folgt eigentlich wem? Was ist Ursache und was ist Wirkung? Und: Wird beides möglicherweise verwechselt? Schließlich sind es nicht die sinkenden Kohlendioxidemissionen gewesen, die den Pinatubo zum Ausbruch gebracht haben. Die im vorherigen Kapitel erwähnten antarktischen Eisbohrkerne zeigen ja, dass die Kohlendioxidkonzentrationen im Verlauf der Erdgeschichte den Temperaturen folgten. Es muss also zumindest erdgeschichtlich eine andere Größe gegeben haben, die Klimaveränderungen einläutete.

Nehmen wir jetzt einmal theoretisch an, es sei keine globale Aschewolke gewesen, die 1991 die Strahlungsbilanz der Erde veränderte, sondern eine andere Kraft, beispielsweise eine starke kosmische Strahlung, die ja ebenfalls Wolken mit kühlender Wirkung produziert. Ein Prozent Veränderung der Wolkendecke genügt bereits für eine Temperaturänderung von 0,2 Grad. Die Temperaturen wären also ebenfalls gesunken, und der Kohlenstoffkreislauf hätte genauso darauf reagiert. Es ist also durchaus vorstellbar, dass die kosmische Strahlung auch aktuell der Antreiber des Klimas sein könnte – und das Kohlendioxid nur ein Mitläufer ist.

Prinzipiell muss man wissen: Das weitaus wichtigste Treibhausgas auf der Erde ist nicht etwa Kohlendioxid, sondern der natürliche Wasserdampf, mit einem Wirkungsanteil von mindestens zwei Dritteln. Kohlendioxid und (in geringerem Ausmaß) Gase wie bodennahes Ozon oder Methan teilen sich lediglich den Rest. Wer – wie die kosmische Strahlung – direkt den Hebel an die Wolkenbildung legt, kurbelt damit den gewaltigen globalen Wasserkreislauf an oder dämpft ihn. Der Planet ist zu mehr als zwei Dritteln von Wasser bedeckt, Geologen schätzen die gesamte Wassermenge auf 1,4 Milliarden Kubikkilometer. Wäre die Erdoberfläche topfeben, so würde das gänzlich und gleichmäßig um den Globus verteilte Wasser einen drei Kilometer dicken Mantel ergeben. Zum Vergleich: Würde man das in der Atmosphäre enthaltene Kohlendioxid als Mantel konzentriert um die Erde legen, so hätte diese Schicht eine

Höhe von etwa drei Metern. In der Erdatmosphäre sind 15 Billionen Tonnen Wasser ständig in Bewegung. Jede Energie – ganz egal in welcher Form – die zusätzlich auf den irdischen Wasserzyklus wirkt, erzeugt mehr Wasserdampf und höhere Temperaturen.

Auch die Verfechter der Kohlendioxid-Hypothese wissen das. Sie glauben, eine ursprüngliche leichte Erwärmung durch Kohlendioxid löse eine starke positive Rückkoppelung mit dem Wasserdampf aus: Mehr Verdunstung erzeugt zusätzliche Wärme in der Atmosphäre. Die Temperaturen steigen so viel mehr an, als sie das durch das Kohlendioxid allein tun würden. Nur mithilfe dieser Konstruktion kommen Hochrechnungen zustande, die einen Anstieg der Welttemperatur um mehrere Grad vorhersagen. Das gängige wissenschaftliche Gebäude geht also davon aus, dass der vergleichsweise bescheidene Kohlenstoffkreislauf den gigantischen planetaren Wasserkreislauf in Schwung bringt.

Geowissenschaftler Jan Veizer ist ein Experte für ökologische Stoffkreisläufe – und er schüttelt mit dem Kopf: »Bei beinahe jedem ökologischen Prozess und auf jeder Zeitskala sind der Wasserkreislauf und der Kohlenstoffkreislauf aneinandergekoppelt, aber Wasser ist nun mal um Größenordnungen verfügbarer«, sagt Veizer. »Es ist nicht einfach nur da, um auf Impulse vom Kohlenstoffkreislauf zu warten, ganz im Gegenteil, es formt diesen aktiv.«

Veizer zieht gerne einen Vergleich mit Wirtschaftskreisläufen heran. Man stelle sich einmal die luxemburgische, die deutsche und die EU-Wirtschaft vor. Zwischen allen dreien gibt es viele Wechselwirkungen und Korrelationen. Genau wie zwischen Kohlenstoffkreislauf, Wasserkreislauf und dem Klima. Und auch die Größenordnungen passen ganz gut. Analog zu der gegenwärtig herrschenden Klimalehre müsste nun ein luxemburgisches Konjunkturprogramm genügen, um erst die deutsche Wirtschaft zu beflügeln und anschließend der europäischen Union einen Boom zu bescheren. Allerdings dürfte dies im richtigen Leben nicht der Fall sein. Umgekehrt wird schon eher ein Schuh daraus: Wenn es in der EU gut läuft, dann beflügelt das am Ende auch das Wirtschaftsleben der Luxemburger. Das kleine Konjunkturprogramm des Großherzogtums reitet huckepack noch obendrauf, ist aber sicherlich nicht der dominierende Faktor.

Und wer bringt die Europäische Union auf Trab? Da ist ein Anstoß von außen denkbar, beispielsweise durch eine florierende Weltwirtschaft. Genauso wie beim Weltklima ein Anstoß von außen denkbar ist, beispielsweise durch das kosmische Klima. Die Sonne treibt den Wasserkreislauf an, und diese Antriebsenergie wird von der kosmischen Strahlung über die Wolkenbedeckung gesteuert (ganz so, als schiebe man einen Paravent vor ein offenes Feuer). Heraus kommt das irdische Klima – und das regelt über die Temperatur den Kohlenstoffkreislauf. Die menschlichen Emissionen sind dabei so etwas wie ein zusätzliches kleines Konjunkturprogramm. Im Großen und Ganzen reitet der Kohlendioxidkreislauf aber huckepack auf dem Wasserkreislauf, so wie es auch die erdhistorischen Analysen nahelegen. Im Orchester der Natur gibt es nach Jan Veizer einen kosmischen Dirigenten sowie den Wasserkreislauf als erste und den Kohlenstoffkreislauf als zweite Geige.

»Die Erde ist ein Wasserplanet. Auch die Lebewesen bestehen zu 60 bis 95 Prozent aus Wasser«, betont Veizer.

Bei der Fotosynthese müssen Pflanzen fast tausend Wassermoleküle ausatmen, um ein einziges Kohlenstoffmolekül aufzunehmen. Wenn es wärmer wird, beschleunigt sich der irdische Wasserkreislauf, die Bioproduktivität erhöht sich, Bodenorganismen atmen vermehrt Kohlendioxid aus, das Meer ebenfalls. Wenn es kälter wird, läuft es umgekehrt – siehe Pinatubo.

Daraus ergibt sich eine globale Kettenreaktion, die sich nach Jan Veizer vereinfacht so darstellt: Der Sonnenfleckenzyklus geht hoch und die kosmische Strahlung nimmt ab. Weniger Wolken lassen die Temperaturen steigen. Die gehen mit höherer Produktivität der wasserreichen tropischen Biosysteme einher. Mehr Verdunstung ist die Folge, die in Form von warmem Wasserdampf in die gemäßigten Breiten wandert. Dort wird es wärmer und feuchter, mehr Niederschlag fällt. Folglich wird auch dort die Fotosynthese angekurbelt und die Biomasseproduktion geht nach oben.

Eine Analyse der vergangenen 100 Jahre für die USA ergab tatsächlich: Die geringsten Werte für Niederschlag und Bioproduktivität fallen augenfällig mit Sonnenflecken-Minima zusammen, also Zeiten mit schwachem Sonnenmagnetfeld (und höherer kosmischer Strahlung). Dies lässt auf einen direkten Zusammenhang zwischen kosmischer Strahlung und der Produktion von treibhauswirksamem Wasserdampf schließen. Ein erhöhter Kohlendioxidgehalt vermag für diesen Zusammenhang keine Erklärung zu liefern. Jan Veizer: »Der Regen in Amerika kann ja schlecht die kosmische Strahlung antreiben.«

»Die Fotosynthese ist die dominante Durchlaufstation für irdisches Kohlendioxid – und sie wird in erster Linie von der Sonne und der Verfügbarkeit von Wasser angetrieben«, sagt der Wissenschaftler. In der Regel limitiert das vorhandene Wasser die pflanzliche Masseproduktion, bevor ein Mangel an Kohlendioxid auftreten kann. Mehr Feuchtigkeit spielt denn auch die Hauptrolle beim erhöhten Wachstum, das insbesondere auf der Nordhalbkugel seit einiger Zeit zu beobachten ist. Jan Veizer sieht hierin eine direkte Folge des von der kosmischen Strahlung angekurbelten Wasserkreislaufes. Im gegenwärtig gängigen Atmosphärenmodell wird diese Entwicklung hingegen einem Düngungseffekt durch mehr Kohlendioxid in der Atmosphäre zugeschrieben. Veizer glaubt, dass man hier einmal mehr das Pferd von hinten aufzäumt: »Mehr Sonnenlicht, Feuchtigkeit und Temperatur sind für das globale Ökosystem Vorbedingung einer Kohlendioxid-Düngung und nicht, wie vielfach angenommen, eine Folge.«

Verblüffenderweise sind die gängigen Klimamodelle kaum geeignet, ein möglicherweise fundamentales Missverständnis aufzuklären. In den sogenannten »General Circulation Models« (GCM), was man mit »Kreislaufmodell« übersetzen kann, ist zwar der Wasserkreislauf enthalten, nicht aber der aktive Kohlenstoffkreislauf mit seinen dynamischen Wechselwirkungen. Kohlendioxid wird lediglich als uniforme Konzentration behandelt und in Form zusätzlicher Energie beschrieben (»prescribed«). Diese Energie wird dann in das Strahlungsbudget der Computer-Atmosphäre eingegeben. Damit ist die Entscheidung, ob Kohlendioxid das Klima antreibt, a priori gefallen, bevor der Rechner überhaupt eingeschaltet wird. Man könnte genauso gut vorher festlegen, die Energie resultiere aus weniger Bewölkung infolge der kosmischen Strahlung – für den Computer macht es keinen Unterschied. Es spielt für die atmosphärischen

Wasserkreislaufmodelle keine Rolle, woher die zusätzliche Energie stammt, sie produzieren das gleiche Ergebnis: mehr Wasserdampf und höhere Temperaturen. In der Simulation dieser Vorgänge werden sie besser und zuverlässiger, mit der Frage nach dem Ursprung der Energiezufuhr werden sie aber gar nicht erst befasst. Das lässt sich mit einer Hausheizung vergleichen, die man von Mineralöl auf Erdgas umschalten kann. Es kommt Wärme heraus, die Entscheidung über deren jeweilige Herkunft ist aber gefallen, bevor die Brennkammer ihre Arbeit aufnimmt.

Der Streit, ob der kleine Kohlendioxidkreislauf nun den großen Wasserstoffkreislauf antreibt oder ob es genau umgekehrt ist, wird wohl noch eine Weile schwelen. Marcel Leroux, der französische Meteorologe und Professor für Klimatologie, schrieb unlängst in einem Buch: »Ein Marsmensch, der zum ersten Mal unter die Haube eines Autos blickt, könnte auf die Idee kommen, dieses werde vom Kühlerpropeller angetrieben.« Kollektive Trugschlüsse sind allerdings in der Wissenschaft keine Seltenheit. Es galt ja auch schon mal als ausgemacht, dass sich die Sonne um die Erde dreht – bis sich das Umgekehrte herausstellte. Vielleicht dreht sich ja auch das Klima in erster Linie um die Sonne – und nicht um den Menschen.

Von Hexen und Stradivaris

Der Klang einer Geige von Stradivari bezaubert weltweit die Konzertbesucher. Timbre und Tragfähigkeit des Tones gelten als unerreicht. Die besten Exemplare sind mehrere Millionen Euro wert. Zahllose Experten haben versucht, dem Geheimnis des italienischen Geigenbauers auf die Spur zu kommen. Inzwischen gilt es als ausgemacht, dass weniger die Kunstfertigkeit des Meisters als vielmehr die Beschaffenheit des Materials für das Klangerlebnis ausschlaggebend ist.

Und hier kommt ganz überraschend das Klima ins Spiel. Antonio Stradivari lebte im 17. Jahrhundert im oberitalienischen Cremona. Es war jene Zeit in der jüngeren Vergangenheit, in der praktisch keine Sonnenflecken beobachtet werden konnten (»Maunder-Minimum«). Stradivaris Lebenszeit fiel in den Höhepunkt dieser »kleinen Eiszeit«, in der Europa von außerordentlicher Kälte heimgesucht wurde. Sie hatte ihren Höhepunkt im 16. und 17. Jahrhundert und endete etwa 1850. Das Wachstum der Bäume hatte sich außerordentlich verlangsamt und ihre Jahresringe gerieten äußerst schmal. Die Fichte gewann als kälteresistenter Waldbaum weithin an Boden. Auch Stradivari verarbeitete Fichtenholz, das nur langsam, aber deshalb außerordentlich stark und dicht wuchs. Hierin könne ein Teil des Stradivari-Geheimnisses liegen, glauben Henri Grissino-Mayer und Lloyd Burckle, zwei amerikanische Jahresring-Experten. Ansonsten bedeutete die kleine Eiszeit für die Menschen leider mehr schlechte Nachrichten. Miserable Ernten und Hungersnöte kosteten zahllose Opfer, große Auswanderungswellen setzten ein. In den Alpen erreichten die Gletscher ihren letzten Hochstand.

Ganz anders sind die Zeugnisse aus der vorangegangenen mittelalterlichen Warmzeit, die von Edinburgh bis Palermo förderlich für eine vielfältige städtische Kultur war. Die Besiedlung Grönlands, Weinbau in Großbritannien und Feigenbäume nördlich der Alpen sind Zeugen einer blühenden Landwirtschaft und reicher Ernten. Der Agrarüberschuss war eine der Voraussetzungen für massenhafte Stadtgründungen. Die Temperaturen lagen damals genauso hoch wie heute – und teilweise wohl auch noch darüber. Warme Zeiten waren den Menschen stets willkommen, kalte wurden gefürchtet. Im Alltagsverständnis ist Wärme ja heute noch ein Synonym für Wohlbefinden, also etwas Positives, ganz im Gegensatz zur Kälte. Die heute lebenden Menschen sind die ersten ihrer Art, die Angst vor wärmeren Zeiten haben.

Menschliche Kultur und Klimageschehen sind vielfach verwoben. Wer mit offenen Augen durch Kirchen, Altstädte, Museen und Archive streift, wird beinahe überall Belege für raschen Klimawandel auch in der jüngeren Geschichte finden. Im Museum Mauritshuis in Den Haag war eine ganze Ausstellung niederländischen Winterlandschaften aus der kleinen Eiszeit gewidmet. Als die strengen, lang anhaltenden Frostperioden fast jedes Jahr wiederkehrten, entdeckten immer mehr Maler, welch lohnendes Sujet eine Landschaft mit vereisten Seen und Kanälen, schneebedeckten Feldern und stahlblauem Himmel sein kann. Zehn Wochen lang konnten die Menschen völlig gefahrlos auf Flüssen und Kanälen spazieren gehen oder Schlittschuh laufen.

Im Hamburger Museum Altona war sogar eine interdisziplinäre Ausstellung über die Malerei jener Zeit zu sehen, bei der Kunsthistoriker und Meteorologen zusammengearbeitet hatten. Die Naturwissenschaftler haben den Bildern dabei sehr detaillierte Informationen zu den klimatischen und meteorologischen Verhältnissen entlockt. Ihr besonderes Interesse galt den Wolkenformationen. Aus einer Haarlem-Ansicht von Jacob van Ruisdael konnten sie einen regelrechten Wetterbericht rekonstruieren. Die Wolkenformation verrät, dass in der Nacht davor eine Kaltfront mit Gewittern und Schauern das Land von Nordwesten überquert und warme Luft verdrängt haben musste. Doch Vorsicht ist geboten. Die Vorliebe für Kumuluswolken und das fast vollständige Fehlen von Zirruswolken hängt wohl eher mit ästhetischen Erwägungen zusammen. Trotz aller Genauigkeit im Detail bildeten die holländischen Landschaftsmaler die Realität nicht eins zu eins ab. Kunsthistoriker meinen, dass sie sich als Schöpfer »plausibler Fiktionen« verstanden. Das ist – Zufall oder nicht – auch ein Begriff, der heute in der Prognostik der Klimaforscher verwendet wird.

Sehr genau nahm es dagegen der italienische Künstler Canaletto, der im 18. Jahrhundert zahlreiche Ansichten von Venedig fertigte. Sie lassen Rückschlüsse auf den Meeresspiegel zu, mehr als 140 Jahre bevor dort die erste Pegelmessstation eingerichtet wurde. Ein Klimatologe des Nationalen Wissenschaftsrates von Italien errechnete aus der Chronik der Bilder einen durchschnittlichen Anstieg von 2,7 Millimetern pro Jahr, was erstaunlich gut zu den Abschätzungen über den heutigen Meeresspiegelanstieg passt.

Auch über den Zustand der arktischen Eismassen gibt es überraschende Überlieferungen. »In den Regionen um den Polarkreis hat ein bemerkenswerter Klimawechsel stattgefunden«, heißt es in einem Schreiben der britischen

Akademie der Wissenschaften (The Royal Society). »Mehr als 2000 Quadratmeilen Eisfläche zwischen 74 und 80 Grad nördlicher Breite, die bislang die Grönlandsee bedeckten, sind in den letzten zwei Jahren vollkommen verschwunden.« Die Kälte, die das Gebiet für Jahrhunderte in einen undurchdringlichen Eispanzer verwandelt habe, sei offenbar in kürzester Zeit höheren Temperaturen gewichen. Auch in Zentraleuropa registriert der Bericht alarmierende Zeichen für eine rasche Klimaerwärmung: »Alle Flüsse, die im Hochgebirge entspringen, haben aufgrund der abgetauten Schnee- und Gletscherwasser weite Regionen überschwemmt.« Das Schreiben könnte von heute stammen, wurde aber am 20. November 1817 verfasst. Der Präsident der Royal Society schickte es der britischen Admiralität mit der Bitte um Entsendung eines Schiffes. Die Wissenschaftler wollten den dramatischen Klimaumschwung im Nordmeer erforschen.

Norwegische Wissenschaftler durchforsteten Archive nach alten Aufzeichnungen und Logbüchern von Grönlandfahrern, Walfängern, Robbenjägern und Handelsfahrern. Das Norwegische Polarinstitut (NPI) erstellte aus den darin gefundenen Angaben eine umfangreiche Datenbank mit 6000 Karten. Ihre erstaunliche Erkenntnis: Das arktische Eis zieht sich seit mindestens 135 Jahren langsam zurück, keineswegs also erst in den vergangenen Jahrzehnten. »Uns hat besonders überrascht, dass die Eisausdehnung vor allem zwischen 1900 und 1930 abgenommen hat, stärker als gegen Ende des 20. Jahrhunderts«, sagt der Leiter des Programms. Woran das liegt, weiß bisher niemand genau.

Praktisch für jeden Tag, der seit dem 15. Jahrhundert vergangen ist, haben Klimahistoriker in aller Welt mehrere von Menschen hinterlassene Zeugnisse zusammengetragen. Und auch die Zeit bis zurück zum Jahr 1000 ist ziemlich lückenlos dokumentiert. Es gibt also nicht nur indirekte naturwissenschaftliche Proxydaten, die Klimaumschwünge der vergangenen 1000 Jahre belegen, sondern auch zahllose direkte kulturelle Zeugnisse.

Es ist faszinierend, was man dabei mit etwas Kombinationsgabe alles herausfinden kann. Die Auswertung von Daten aus dem 19. Jahrhundert ergab beispielsweise für Bayern eine interessante Korrelation zwischen Niederschlagsmengen, Bierpreis und Kriminalität. Drei norwegische Ökonomen haben dazu im »Journal of Urban Economics« eine Studie veröffentlicht, die einen beinahe skurrilen Zusammenhang aufzeigt. In regenreichen Jahren mit entsprechenden Ernteschäden stieg der Getreidepreis in den betroffenen Regionen stark an. Dies führte zu mehr Kleinkriminalität, weil die Armen Lebensmittel stehlen mussten. Andererseits stieg auch der Bierpreis, was in einer gewissen Enthaltsamkeit mündete, die sich positiv auf die Statistik für Körperverletzung, Mord und Totschlag auswirkte.

Wandelte sich das Klima nachhaltig und wurden Schlechtwetterperioden zur regelmäßigen Plage, mussten bald Schuldige gesucht werden. Der führende Hexenforscher Wolfgang Behringer hat herausgefunden, dass die schlimmsten Hexenverfolgungen Ende des 16. Jahrhunderts mit der kleinen Eiszeit zusammenfallen. Auf der Suche nach einem Sündenbock verfielen die verunsicherten Menschen auf die Idee einer Hexenverschwörung. Insgesamt wurden zwischen 1560 und 1782 etwa 60 000 Menschen beiderlei Geschlechts verbrannt, ertränkt oder bei Pogromen getötet. Die intellektuellen Eliten nahmen sich rasch des Themas an. Dämonologen des 16. und 17. Jahrhunderts beschworen das nahe Ende der Welt und einen mit den Truppen des Bösen, den Hexen, auszufechtenden Endkampf herauf. Von diesen apokalyptischen Endzeitvorstellungen wurde rasch die gesamte Gesellschaft erfasst.

Alsbald bildete sich eine Kaste von unzähligen Gerichtspersonen, Gutachtern, Kommissaren und Notaren. Sie erlangten durch ihre Rolle in den Hexenprozessen eine enorme gesellschaftliche Machtstellung, aber auch wirtschaftliche Vorteile. Von den Herrschern wurden die Prozesse oft instrumentalisiert, um ihre Macht zu festigen, selbstverständlich mit dem Vorwand der Wahrung des »gemeinen Nutzens«. Stimmen gegen den Hexenglauben wurden mit zunehmender Verfolgungstätigkeit immer leiser, kaum jemand traute sich seine Bedenken öffentlich oder gar schriftlich zu Protokoll zu geben. Es war einfach höchst riskant, sich gegen den Strom des hexengläubigen Zeitgeistes zu stellen.

II. Zwischen Politik und Religion

Die Menschheitsrettung als neue Utopie

Sir David King ist Wissenschaftsberater der britischen Regierung und Vorstand des britischen Amtes für Wissenschaft und Technologie. Der Chemiker gilt als eine der einflussreichsten Persönlichkeiten im internationalen Klimawandelbetrieb und hat dafür gesorgt, dass das Thema in Großbritannien so beherrschend geworden ist. Er sagt, die globale Erwärmung sei das größte Menschheitsproblem des 21. Jahrhunderts und »gefährlicher als der Terrorismus«. Der Anstieg der Welttemperatur müsse daher auf maximal zwei Grad in den nächsten 100 Jahren begrenzt werden. Die wissenschaftliche Debatte über die Ursachen des Klimawandels ist seiner Meinung nach beendet.

King hält pro Jahr etwa 100 Klimavorträge. Wenn ihm bei so einer Gelegenheit trotzdem skeptische Fragen gestellt werden, dann ist seine Reaktion mitunter äußerst gereizt. Das musste auch die russische Akademie der Wissenschaften feststellen, als sie zu einem Seminar über das Kioto-Protokoll nach Moskau geladen hatte. Die britische Delegation unter Leitung von Sir David King entdeckte im Tagungsprogramm eine Reihe »unerwünschter« Wissenschaftler. Andrei Illarionov, seinerzeit ökonomischer Berater von Wladimir Putin, erinnert sich: »Mr. King forderte uns ultimativ auf, etwa zwei Drittel der Referenten nicht zuzulassen, sonst würde die britische Delegation geschlossen abreisen.« Die Gastgeber mussten bemerken: Die Debatte ist nicht beendet, sondern nicht erwünscht.

David King fährt publicityträchtig einen Hybrid-Toyota und ist in Großbritannien für seine »headline-grabbing rethoric« bekannt, also für seine Art, schlagzeilenträchtig zu formulieren. Vergleiche des Klimawandels mit Terror und Krieg gehören dort mittlerweile zum eingeübten Repertoire. Prinz Charles spricht von einem »Krieg, den wir einfach gewinnen müssen«, und der britische Umweltminister zog 2007 Parallelen zum Zweiten Weltkrieg: »Wenn es so schlimm kommt wie vorhergesagt, dann müssen wir möglicherweise zu Rationierungsmaßnahmen zurückkehren.«

Doch auch außerhalb der Heimat der Sensationspresse nehmen die Anhänger der Kriegsvergleiche zu. Hans Joachim Schellnhuber, Klimaberater der deutschen Regierung, sagt: »In diesem Jahrhundert wird es keine friedliche Weltgesellschaft geben, wenn wir den Klimawandel nicht begrenzen können.« Die deutsche Entwicklungshilfe-Ministerin Heidemarie Wieczorek-Zeul meint: »Der Klimawandel ist das größte Sicherheitsrisiko.« Und Hans Blix, der ehemalige UN-Waffeninspekteur, hält die globale Erwärmung »für gefährlicher als Massenvernichtungswaffen«. Wer da noch Vorbehalte hat, ist als Menschenfeind und Kriegstreiber entlarvt.

Vokabeln wie »Verteidigungslinie«, »Gnadenfrist«, »Rückzug« oder »Stillhalteallianz« durchziehen auch die Berichterstattung der Medien. »Es wird nicht nur ein abstraktes Kriegskonzept, sondern eine konkrete und variationsreiche Militär-Metaphorik in den Zusammenhang integriert«, schreibt der Wissenschaftssoziologe Peter Weingart in seinem Buch »Von der Hypothese zur Katastrophe«. Die britische Sprachwissenschaftlerin Suzanne Romaine spricht von »Greenspeak as warspeak« (Frei übersetzt: »Grünsprech als Kriegssprech«).

Die Beliebtheit der Kriegsmetaphern ist wohl kein Zufall. Seit dem Ende des Kalten Krieges im Jahre 1989 mangelt es der Politik des Westens zusehends an einer mitreißenden Idee, gleichsam einer neuen Utopie. Und diese glaubt man jetzt offenbar gefunden zu haben. Der negativen Utopie der Klimakatastrophe soll mit einer gemeinsamen Anstrengung, nämlich dem Projekt der Weltrettung, begegnet werden. Der Soziologe Ulrich Beck bezeichnet die Klimapolitik treffend als eine »Sinnressource für die delegitimierte und von Vertrauensverlust gezeichnete Politik«. Eine Politik, die nicht in der Lage ist, die Krankenkassenbeiträge zu stabilisieren, gibt nun vor, die Welttemperatur in 100 Jahren um zwei Grad regulieren zu können. Und das Schöne dabei: Man kann mit dem sogenannten Klimaschutz alles rechtfertigen, jedes Verbot, jede Steuererhöhung. Kurz: Man kann die Menschen auf einen Horizont niedriger Erwartungen einstimmen. Also auf etwas, was man ohnehin für geboten hält. Während die Menschen die Stabilisierung der Gesundheitskosten innerhalb einer Wahlperiode überprüfen können, ist eine Erfolgskontrolle beim Klimaschutz – wenn überhaupt – erst in 100 Jahren möglich. Eine beruhigende Aussicht für jeden Politiker, der wiedergewählt werden will.

Um Missverständnisse zu vermeiden: Die Politik hat die »Klimakatastrophe« nicht erfunden. Es gibt keine finstere Verschwörung. Die Besorgnis vor einer globalen Erwärmung durch Treibhausgase kam aus der Wissenschaft und hat sich dort über Jahrzehnte entwickelt. Die Politik hat das Thema dann allerdings ziemlich willkürlich unter vielen anderen Besorgnissen der Menschheit herausgegriffen und beutet es nun für ihre Zwecke aus. Und das tut sie schon länger. Die britischen Wissenschaftler, die Margaret Thatcher vor fast 30 Jahren über ihre Erkenntnisse zum Klimawandel informierten, taten dies aus echter Überzeugung. Dass sie aber nachhaltig Gehör fanden, lag an etwas anderem (die eiserne Lady war ja nicht gerade durch eine grüne Agenda aufgefallen). Thatcher wollte das Land aus der Abhängigkeit von Kohle und Öl und insbesondere auch aus dem Würgegriff der Bergarbeiter-Gewerkschaft befreien. Der dafür notwendige Ausbau der Kernenergie musste moralisch gerechtfertigt werden – und dafür bot sich die Klimaerwärmung an. Das erzählt ganz freimütig Thatchers ehemaliger Finanzminister, Lord Nigel Lawson. Die britische Premierministerin investierte deshalb erhebliche Mittel in die britische Klimaforschung und wurde so zur Mutter der Klimagroßforschung. Die Sorge um das Weltklima ist gewissermaßen »made in Britain«.

Der Begriff »Klimakatastrophe« ist hingegen »made in Germany«. Das Copyright gebührt dem Arbeitskreis Energie der Deutschen Physikalischen Gesellschaft, dem vor allem der langfristige Ausbau der Kernenergie am Herzen lag. 1986, im Jahr der Reaktor-Katastrophe von Tschernobyl, trat er mit einem Aufruf an die Öffentlichkeit: »Um die drohende Klimakatastrophe zu vermeiden, muss bereits jetzt wirkungsvoll damit begonnen werden, die weitere Emission von sogenannten Spurengasen drastisch einzuschränken.« Die deutschen Physiker prognostizierten einen Anstieg des Meeresspiegels um bis zu 30 Meter. Der »Spiegel« platzierte »Die Klimakatastrophe« auf dem Titel und zeigte dazu einen Kölner Dom, dem das Wasser bis zum Halse stand.

Wie immer, wenn die Welt gerettet werden muss, duldet dies keinen Widerspruch und keinen Aufschub. Inzwischen gibt es wieder einen einfachen Feind, und der heißt nicht mehr Sowjetunion, sondern Kohlendioxid. Krieg und Notstand erfordern unverzügliche Maßnahmen, und wer da nicht mitmachen will, kommt schnell in den Geruch einer fünften Kolonne. Kein Wunder also, dass die Debatte zunehmend autoritäre Züge annimmt. So machte Heidi Cullen, Klimaexpertin des amerikanischen Weather Channel, unlängst durch eine entschlossene Forderung von sich reden: Meteorologen, die an der Rolle des Menschen bei der globalen Erwärmung zweifeln, solle die berufliche Zulassung entzogen werden. Daraufhin war die attraktive Wetterfee bei der bekannten amerikanischen CNN-Fernsehtalkshow »Larry King Live« zu Gast. Thema: »Could global warming kill us?« »Die Wissenschaft ist sehr solide«, warf sie in die Diskussionsrunde ein. Ebenfalls im Studio war Richard S. Lindzen, Meteorologie-Professor am Massachusetts Institute of Technologie (MIT). Der vollbärtige Gelehrte gehört pikanterweise zu jenen Personen, die Heidi Cullen gerne mit einem Berufsverbot belegen würde: Lindzen hält die Rolle des Kohlendioxid bei der Erwärmung der Erde für weit überschätzt. Nun hat der Mann erstklassige wissenschaftliche Meriten und kann es sich erlauben, cool zu bleiben. Zuckersüß antwortete er: »Heidi sagt, die Wissenschaft sei solide, und ich kann sie gar nicht kritisieren, weil sie nämlich nie sagt, welche Wissenschaft sie eigentlich meint.« Er traf damit den Kern der gegenwärtigen Debatte. Es geht meist gar nicht um einzelne wissenschaftliche Fragen, sondern um ein allumspannendes Weltbild, für das ein angeblicher »Konsens« in Anspruch genommen wird.

»Hoffentlich ist jetzt auch der letzte Zweifler überzeugt« ist auch im deutschsprachigen Raum einer der in den Medien am häufigsten formulierten Sätze, wenn es um den jüngsten

Klimabericht des Weltklimarates (Intergovernmental Panel on Climate Change, IPCC) 2007 geht. Der ehemalige UN-Generalsekretär Kofi Annan sagte: »Die wenigen Skeptiker, die immer noch versuchen, Zweifel zu säen, sollten als das angesehen werden, was sie sind: aus dem Tritt, ohne Argumente und von gestern.« Achim Steiner, der Leiter der UN-Umweltbehörde UNEP, sagte bei der Präsentation des Berichts: »Die Beweise liegen nun auf dem Tisch. Der 2. Februar 2007 hat das Fragezeichen beseitigt.« Klimaforscher Jochem Marotzke vom Hamburger Max-Planck-Institut für Meteorologie meint: »Jetzt haben wir den Kritikern die Argumentation aus den Händen geschlagen. Inzwischen erinnern mich die letzten Zweifler an religiöse Fundamentalisten, mit denen man überhaupt keine Debatte mehr führen kann.«

Es gibt offenbar ein starkes Bedürfnis nach totalem Konsens. Wobei sich zwei Fragen aufdrängen: Warum müssen die letzten Zweifler überhaupt überzeugt werden? Und vor allem: Wovon sollen sie überzeugt werden? Der IPCC-Bericht selbst eignet sich eher nicht für die Festlegung endgültiger Gewissheiten. Eine ganze Reihe von Einflussgrößen, die nach Ansicht des IPCC den Energiehaushalt des Planeten bestimmen, gilt laut Bericht nach wie vor als kaum verstanden. Für die Entwicklung der Globaltemperatur in den nächsten hundert Jahren wird eine Spanne von plus 1,1 Grad bis 6,4 Grad angegeben. Soll man nun von 1,1 Grad überzeugt sein, von 6,4 oder irgendwo dazwischen? Dass die Erde wärmer geworden ist, bezweifelt ja niemand. Das IPCC ist ferner der Meinung, dass Kohlendioxid daran den größten Anteil hat. Die Unsicherheit in dieser Frage wird mit höchstens noch zehn Prozent eingeschätzt. Warum sollten also nicht auch zehn Prozent Zweifler erlaubt sein? Wo liegt das Problem?

Gro Harlem Brundtland, eine der Stellvertreterinnen von UN-Generalsekretär Ban Ki Moon, gibt die Antwort so: »Die Diagnose ist klar, die Wissenschaft unmissverständlich – es ist auf der Basis unseres Wissens vollkommen unmoralisch, diese Berichte infrage zu stellen und zu bezweifeln, dass wir uns als Menschheit mit einer viel größeren Dringlichkeit diesen Problemen widmen müssen.« Und genau da liegt des Pudels Kern: Zweifel an der politischen Agenda sind unmoralisch. Ex-US-Vizepräsident Al Gore schrieb schon 1992 in seinem Buch »Wege zum Gleichgewicht«: »Leugnung ist die Strategie derer, die zu glauben wünschen, dass sie ihr suchtabhängiges Leben ohne schlimme Auswirkungen auf sich selbst und andere fortsetzen können.« Der politische Gegner soll nur noch als Verbrecher oder pathologischer Fall wahrgenommen werden.

Der normale Bürger lässt sich davon aber nicht unbedingt beeindrucken. Eine repräsentative Meinungsumfrage des Instituts Ipsos Mori in England ergab im Sommer 2007, dass mehr als die Hälfte der Briten nicht glaubt, dass sich die Wissenschaftler in dieser Frage einig seien. Viele halten das Klimaproblem für übertrieben und haben den Verdacht, dass damit neue staatliche Abgaben gerechtfertigt werden sollen. Terrorismus, Graffiti-Schmierereien, Kriminalität und Belästigung durch Hundekot rangierten in der Hierarchie der Sorgen der Bürger noch vor der globalen Erwärmung.

Dissidente Meinungen sind vielleicht auch deshalb so unwillkommen, weil der gemeine Mann auf der Straße zur Skepsis neigt. Wann immer es um die Rettung der Welt geht, stören abweichende Stimmen. Und so geschieht plötzlich etwas, wofür das IPCC-Verfahren eher nicht gedacht war:

Er wird missbraucht, um jegliche Diskussion abzuwürgen. Motto: Schluss mit dem Reden, jetzt muss gehandelt werden. Der Konsens wird zur Wahrheit befördert. Wissen dient nicht mehr zur Findung des politischen Willens, sondern politischer Wille wird als Wissen inszeniert. Und dies funktioniert eben nur, wenn die moralische Lufthoheit über das Thema monopolisiert werden kann. Weltklimakonferenzen erlangen dann den Stellenwert von Konzilen und deren offizielle Berichte nehmen Offenbarungscharakter an.

Das IPCC wurde 1988 nicht als Wahrheitsministerium gegründet, sondern als eine Organisation, die den weltweiten wissenschaftlichen Sachverstand in Sachen Klima bündeln soll. Das Gremium hat seinen Sitz in Genf und ging aus einer gemeinsamen Initiative der Welt-Meteorologen-Organisation WMO und des Umweltprogramms der Vereinten Nationen UNEP hervor. Es geht darum, die Forschungsergebnisse in der Literatur zu sammeln und im Turnus von etwa fünf Jahren für Politiker aufzubereiten. Es geht auch um Absicherung: Falls sich die eine oder andere Prognose in Zukunft als Irrtum herausstellt, kann man sich zumindest auf den seinerzeitigen wissenschaftlichen Sachstand berufen. Und das kann man eigentlich schon seit dem IPCC-Bericht 2001, der bereits in starken Worten den menschlichen Einfluss auf das Klima betonte. Insofern hat das Gremium seine Mission eigentlich erfüllt.

Den größten Einfluss auf die Meinungsbildung hat eine kurze Zusammenfassung »Summary for Policymakers«. Sie basiert auf den Arbeiten von 2500 Wissenschaftlern, wird aber von nur einigen Dutzend »Lead-Autoren« formuliert. Die IPCC-Forscher werden von den Regierungen ihrer jeweiligen Länder ausgesucht, der spätere Text der politischen Zusammenfassung Wort für Wort von Hunderten Regierungsvertretern abgesegnet und verändert. Der Entstehungsprozess des »Summary for Policymakers« ist im Grunde wissenschaftsfern. Streit gibt es eigentlich immer; die einen behaupten, die Berichte würden verwässert, die anderen, sie folgten einer alarmistischen Agenda. Doch bei allem, was man an dem Verfahren aussetzen kann, ist es zumindest ein Versuch, einen Sachstand der Wissenschaft zu formulieren. Und der ist selbstverständlich vorläufig, sonst müsste man das Verfahren ja nicht alle fünf Jahre wiederholen.

Stattdessen soll das IPCC zunehmend als letzte Instanz im politischen Kampf eingesetzt werden. Und das sehen viele der beteiligten Forscher durchaus als Problem. Als die US-Atmosphärenchemikerin Susan Solomon den Bericht Anfang Februar 2007 in Paris präsentierte, wurde sie sinngemäß gefragt: »Wie dringend sind denn nun politische Maßnahmen?« Sie antwortete: »Es ist nicht meine Aufgabe, Empfehlungen auszusprechen. Das ist die Aufgabe der Gesellschaft, und die Wissenschaft kann ihren Beitrag dazu beisteuern. Ich glaube auch, es ist besser für die Wissenschaft, sich nur auf die Erstellung von Fachkenntnissen zu konzentrieren.« Doch daneben saß UNEP-Chef Achim Steiner, ein bewährter internationaler Multi-Funktionär, auf dem Podium. Bei der Lektüre des Berichtes sei es ihm »kalt den Rücken hinuntergelaufen«, verkündete er der versammelten Weltpresse.

Auch der IPCC-Vorsitzende Rajendra Pachauri spricht mittlerweile wie der Chef einer Aktivisten-Organisation, der die Öffentlichkeit »schockieren« möchte. Der tschechische Ministerpräsident Václav Klaus wirft dem Gremium deshalb vor, »eine Art Nichtregierungsorganisation mit grünem Charakter« zu sein. Der Übergang von der wissenschaftlichen Beratung zur politischen »Pressure-Group« ist fließend. Hinter den Kulissen kommt es deshalb immer wieder zu hässlichen Auseinandersetzungen. International anerkannte Wissenschaftler wie der Hurrikan-Experte Chris Landsea verließen den Klimarat unter Protest. Auch Paul Reiter vom Institut Pasteur in Paris, einer der führenden Experten für die Übertragung von Malaria, überwarf sich mit dem Gremium, weil seine mäßigende Expertise schlichtweg ignoriert wurde. »Ich musste mit gerichtlichen Schritten drohen, bis endlich mein Name unter einem IPCC-Papier gestrichen wurde, mit dem ich absolut nicht einverstanden war«, erinnert er sich. »So kann man natürlich auch einen Konsens fabrizieren.« Für den Bericht 2007 lehnte das Gremium Reiter als Leitautor für das entsprechende Kapitel ab.

Wie immer bei solchen Institutionen und Verfahren beginnen sie ein Eigenleben. Schon fordern mehrere Dutzend Staaten die Bildung einer neuen UN-Umweltorganisation, die mehr Kompetenzen als die bisherige UNEP haben soll. Und wohl auch ein höheres Budget. Eine neue Mega-Behörde, die viele neue Posten für amtlich bestallte Weltenretter bietet. Es ist eine neue Klasse von Funktionären der supranationalen Organisationen entstanden, die auf endlosen Kettenkonferenzen ihren Einfluss ausdehnt. Niemand hat sie gewählt, und sie haben keine Basis, der sie sich ernsthaft verantworten müssten. Als Name für die neue Kaste kursiert bereits der Begriff »Klimatokratie«.

Der Klimaberater der Bundesregierung, Hans Joachim Schellnhuber, träumt von einem Elite-Zirkel, »bei dem die 100 bis 200 weltbesten Wissenschaftler einige Jahre in einem Kolleg zusammenarbeiten«, und wenn diese die Lage als bedrohlich ansähen, »müssten sie schnellstmöglich eine neue Weltgesellschaft erfinden«. Schon in der Frühzeit der grünen Bewegung waren Konzepte dieser Art gang und gäbe. Franz Alt träumte ebenso von einer »grünen Weltrevolution« wie der Öko-Stalinist Wolfgang Harich, der sich eine »Weltregierung« wünschte, »die selbst vor der Umsiedlung großer Menschenmassen nicht zurückschreckt«. Der grüne Hausphilosoph Hans Jonas war sicher, dass Demokratie »auf die Dauer nicht die geeignete Regierungsform ist«. Und selbst einem verdienstvollen DDR-Dissidenten wie Jens Reich brennen beim Ökothema die antitotalitären Sicherungen durch. Reich wünschte sich öffentlich schon mal einen mächtigen »Ökorat«, der ohne Rücksicht auf das »Legislaturperiodengewusel« und die »impotenten politischen Strukturen« seine Entscheidungen zum Wohle aller trifft.

Der kurze Prozess für Zweifler kommt derweil in Mode. Für Menschen mit dissidenter Meinung bemüht man inzwischen den Ausdruck »Leugner« – eine bewusste Anspielung auf Holocaust-Leugner. Ganz so, als könne man die Leugnung eines Verbrechens, das in der Vergangenheit stattgefunden hat, mit Zweifeln an einer für die Zukunft befürchteten Katastrophe vergleichen. In der amerikanischen Zeitschrift »Grist« wurden für Leugner Verfahren »im Stil der Nürnberger Prozesse« gefordert. Weil der Flugverkehr nach seiner Meinung zum Klimawandel beiträgt, forderte der britische Umwelt-Aktivist George Monbiot: »Jedes Mal, wenn jemand infolge einer Überschwemmung in Bangladesch ertrinkt, sollte man einen Angestellten einer Fluggesellschaft aus seinem Büro zerren und ertränken.«

Die Stigmatisierung von »Leugnern« geht im Übrigen meist der Zensur voraus. »Irgendwann kommt der Punkt im Journalismus, an dem es unverantwortlich ist, an einer ausgewogenen Berichterstattung festzuhalten«, schrieb der CBS-Reporter Scott Pelley.

Unter dem Motto »Rettet unsere Erde« haben in Deutschland die »Bild«-Zeitung, Greenpeace und die Umweltstiftung WWF eine »Große Koalition« geschlossen. Der Weltrettungsjournalismus lässt jede kritische Distanz schwinden. Eigentlich sollte Journalisten Volkserziehung und Gruppendenken ein Gräuel sein, doch dieser Gedanke geht selbst bei Zeitungen verloren, die sich einstmals Minderheiten verpflichtet sahen. In der deutschen »Tageszeitung« berichtet ein Redakteur anerkennend von einer schwarzen »Liste mit 31 Namen«, die unter deutschen Klimaforschern kursiere. Die Wissenschaftler der deutschen Bundesanstalt für Geowissenschaften und Rohstoffe, die im Regierungsauftrag den Entwurf des IPCC-Berichtes begutachteten und zu teilweise kritischen Einschätzungen kamen, wurden von der »Tageszeitung« deshalb der »amtlichen Lüge« bezichtigt. Klimaforscher Mojib Latif ordnete die Behörde als »Schande« ein, »die die gesamte Klimaforschung in den Dreck zieht«. Ein Sprecher des deutschen Umweltministeriums beeilte sich dann noch, die Hannoveraner als gekaufte Vasallen hinzustellen, denen es offenbar darum ginge, »die Interessen der Energieindustrie zu vertreten« (wie zum Hohn kürte die renommierte Fachzeitschrift »Geophysical Research Letters« eine entsprechende Studie aus der Bundesanstalt kurz darauf zum »AGU Journal Highlight«).

Der Meteorologe Reinhard Böhm von der Wiener Zentralanstalt für Meteorologie und Geodynamik (ZAMG) wundert sich: »Wir sind in der Klimaforschung so weit, Skeptizismus als etwas Negatives einzustufen – für mich ist er immer noch eines der Fundamente für wissenschaftlichen Fortschritt und einer der Hauptantriebe überhaupt, Wissenschaftler zu sein.« Auch Klimaforscher Hans von Storch schüttelt angesichts des messianischen Furors einiger Kollegen mit dem Kopf: »Wissenschaftler verfallen in einen Eifer, der geradezu an die Ära McCarthy erinnert.«

Für den Sensationsjournalismus ist der Angriff auf die Person und die Präsentation von Schuldigen in jedem Fall höchst willkommen: So lässt sich das Klimathema skandalisieren. »Alle Skandale weisen totalitäre Züge auf«, so der Kommunikationswissenschaftler Hans Mathias Kepplinger. »Sie zielen auf die Gleichschaltung aller, weil die öffentliche Abweichung einiger den Machtanspruch der Skandalisierer und ihrer Anhänger infrage stellen würde.« Man habe es mit einer »demokratischen Variante von Schauprozessen« zu tun. Die Soziologen Sheldon Ungar und Dennis Bray beschreiben in einer Studie (»Silencing Science«), wie in kontroversen Diskussionen irgendwann der Punkt erreicht wird, an dem unter Wissenschaftlern und Journalisten ein Prozess des »self-silencing« einsetzt. In einer Umfrage unter 530 Klimaforschern in 27 Ländern, die Bray 2003 zusammen mit Hans von Storch durchführte, war jeder Zehnte absolut überzeugt, dass der Klimawandel auf den Menschen zurückzuführen ist, und weitere 46 Prozent tendierten zu dieser Meinung. Beim Rest gab es mehr oder weniger starke Zweifel. Wie repräsentativ die Umfrage auch immer gewesen sein mag, sie zeigt in jedem Fall, dass es eine relevante Zahl qualifizierter Wissenschaftler in diesem Bereich gibt, die sich in Sachen Klimawandel nicht sicher sind. Allerdings dürfte kaum einer davon bereit sein, diese Zweifel auch öffentlich zu artikulieren. So kommt eine regelrechte Schweigespirale in Gang.

Meinungsvielfalt ist lediglich willkommen, wenn es darum geht, die Katastrophe noch ein wenig dramatischer auszuschmücken. So nennt der IPCC-Bericht für den Anstieg des Meeresspiegels in den nächsten 100 Jahren eine Spanne von 18 bis 59 Zentimetern. Hans Joachim Schellnhuber warnte die Öffentlichkeit gleichzeitig vor einem Anstieg um satte zwei Meter. Sein Institutskollege Stefan Rahmstorf, einer der Leitautoren des IPCC, assistierte mit einer neuen Studie, der zufolge der Meeresspiegel entschieden schneller ansteigen könnte als dort niedergeschrieben. Zweifel am Konsens sind also erlaubt, allerdings nur, wenn es schlimmer kommen könnte. Über die Sintflut als solche darf nicht gestritten werden, lediglich über ihre Höhe.

Stephen McIntyre hat einen ziemlich dünnen Londoner Kaffee aus dem Automaten vor sich stehen. Im Besucherraum der Westminster University geht es zwar karg zu, dafür kann man sich ruhig unterhalten. McIntyre ist kein Wissenschaftler, sondern Bergbau-Berater in Kanada und besucht in London nur einen befreundeten Forscher. Obwohl McIntyre nicht vom Fach ist, kennt jeder Klimawissenschaftler auf der Welt mittlerweile seinen Namen. Ohne es zu beabsichtigen, wurde McIntyre zu einer zentralen Figur in einer Affäre, die die Klimaforschung in schwere Turbulenzen gestürzt hat.

Eigentlich fing alles eher zufällig und ganz harmlos an, erzählt er. Der Statistikexperte, der in Toronto Mathematik studiert hat, hilft normalerweise Investoren bei der Entscheidung, ob eine Rohstoff-Bohrung Aussicht auf wirtschaftlichen Erfolg hat oder nicht. Und deshalb ist er bestens mit verlockenden Kurvendiagrammen vertraut, die steil nach oben weisende Gewinne versprechen. Vor allem kennt er die Tricks, wie man etwas nachhelfen kann, um zum gewünschten Ergebnis zu kommen.

Eines Tages stach ihm eine Temperaturkurve des Weltklimarates IPCC ins Auge, die eine Montrealer Zeitung auf ihrer Titelseite gedruckt hatte. Die Kurve zeigte den Verlauf der Temperatur der nördlichen Erdhalbkugel über die vergangenen 1000 Jahre, wie sich ihn der Weltklimarat zu eigen gemacht hatte. Die ersten 900 Jahre mäandert die Temperatur fast flach dahin und sinkt sogar etwas, um dann am Ende plötzlich um 0,6 Grad nach oben zu schnellen. Wegen ihrer charakteristischen Form hat man die Grafik »Hockeyschlägerkurve« getauft. Der lange gerade Teil sieht aus wie der Stil des Schlägers, der abrupte Knick nach oben wie der Fuß.

Der menschengemachte Klimawandel hatte damit ein Gesicht bekommen. Nichts visualisiert ihn so perfekt wie diese »Fieberkurve des Planeten«, die sich an prominenter Stelle im IPCC-Bericht von 2001 findet. Und im Inhalt heißt es: »Es ist wahrscheinlich, dass auf der nördlichen Halbkugel die 1990er Jahre das wärmste Jahrzehnt in den letzten tausend Jahren waren.« Bei der Pressevorstellung des Berichts wurde die Grafik wie eine Ikone hinter dem Klimaratsvorsitzenden an die Wand projiziert. Die mittelalterliche Warmzeit, in der wissenschaftlichen Literatur bis dahin vielfach dokumentiert, war plötzlich verschwunden. In einem früheren Weltklimabericht stach sie in einer Grafik noch deutlich nach oben heraus. Jetzt schoss die Temperatur erst im 20. Jahrhundert wie eine Silvesterrakete nach oben.

»Als ich das Diagramm sah, erinnerte es mich an die Gewinnprognosen aus der Dot-Com-Ära, die auch alle aussahen wie Hockeyschläger«, erzählt McIntyre. »In der Mineralölindustrie, wo ich herkomme, werden solche Grafiken dazu benutzt, um mögliche Investoren für ein Ölbohrprojekt zu interessieren.« Andererseits konnte er sich nicht vorstellen, dass der Weltklimarat mit einer klassischen »Verkaufskurve« an die Öffentlichkeit getreten sein sollte. Dennoch ließ ihn die Sache nicht ruhen: »Ein Trick besteht darin, einige Einzelergebnisse besonders hervorzuheben. Ich überlegte mir, ob das nicht auch beim Hockeyschläger der Fall sein könnte, und beschloss, die Daten zu untersuchen, genau so, wie ich Bohrdaten aus einem Erdölprojekt analysieren würde.«

Und von diesem Tag an kam Stephen McIntyre aus dem Staunen nicht mehr heraus. Väter der Hockeyschläger-Rekonstruktion sind Michael Mann von der Universität Virginia und sein Team. Mann gilt als einer der ungekrönten Könige der Klimaforschung. Im Jahre 2002 bezeichnete das Magazin »Scientific American« ihn als einen der 50 größten Visionäre der Wissenschaft. Der Klimaforscher ist sehr überzeugt von dem, was er tut. Journalisten, die in Sachen Klima dissidente Forscher zu Wort kommen lassen, kann er ganz und gar nicht verstehen: »Das ist, als wenn man beim Design eines neuen Nasa-Satelliten Leute gleichberechtigt mitreden ließe, die glauben, die Erde sei eine Scheibe.«

Stephen McIntyre erinnert sich: »Ich schickte ihm eine E-Mail und erkundigte mich, wo ich die seiner Arbeit zugrunde liegenden Daten finden könne.« Die Reproduzierbarkeit von Ergebnissen ist eine Grundvoraussetzung guter Wissenschaft, eine solche Anfrage insofern nichts Besonderes. Mann antwortete, so erzählt McIntyre, dass er »vergessen« habe, wo die ursprünglichen Daten zu finden seien und verwies ihn an einen anderen beteiligten Kollegen. Doch auch dort lagen die Angaben (hauptsächlich Auswertungen von Baumringen) nicht parat. Man versprach aber, sie zusammenzusuchen. »Das fand ich unglaublich«, sagt McIntyre. »Die Grundlagen einer weltweit so einflussreichen Studie müssen doch sauber dokumentiert und jederzeit greifbar sein.«

Waren sie aber nicht. Nach einer endlosen Odyssee konnte McIntyre der Berechnungsgrundlagen zumindest näherungsweise habhaft werden – wobei er auf erhebliche Ungereimtheiten stieß. Der Versuch, die Kurve zu reproduzieren, schlug fehl. »Irgendetwas stimmte da nicht, ich konnte nur noch nicht herausfinden was«, erinnert sich McIntyre. Mit der Hilfe des kanadischen Ökonomieprofessors Ross McKitrick schrieb er schließlich einen Artikel für die Fachzeitschrift »Energy and Environment«, in dem sie die Fragwürdigkeit des Hockeyschlägers thematisierten. Die Reaktion darauf war harsch: McIntyre sei kein »echter« Klimaforscher und ein Außenseiter, den man nicht ernst nehmen könne. Michael Mann sprach von einer »bizarren Kritik« in einer »umstrittenen« Zeitschrift und lehnte es ab, dem Kanadier weitere Informationen zu geben.

Die Sache schien erledigt, doch sie war es nicht. McIntyres Kampfgeist erwachte. Selbst heute wird er im Gespräch noch ganz entschlossen, wenn die Rede darauf kommt. Er ist nicht der Typ, der sich einschüchtern lässt oder übertriebenen Respekt vor Autoritäten hat. Er lebt seit vielen Jahren von der nüchtern-skeptischen Analyse von Daten, und wenn seiner Meinung nach etwas nicht stimmt, dann stimmt es nicht, egal wer es behauptet. In mühevoller Detektivarbeit stieg er immer tiefer in die Geheimnisse der Hockeyschlägerkurve ein. Seine gesamte Freizeit ging dafür drauf. Nach einem zähen wissenschaftlichen Kleinkrieg, in dessen Verlauf die Sache immer weitere Kreise zog (und Michael Mann zunehmend in Bedrängnis geriet), erzielte McIntyre im Jahr 2005 dann den Durchbruch: Die angesehene Fachzeitschrift »Geophysical Research Letters« akzeptierte die Ergebnisse seiner Nachforschungen zur Veröffentlichung.

McIntyres »bizarre Kritik« konnte jetzt nicht mehr vom Tisch gewischt werden. Er und sein Koautor hatten unter anderem herausgefunden, dass die von Mann ermittelten Temperaturen für das gesamte 15. Jahrhundert ausschließlich auf der Messung der Baumringe einer Reihe von Borstenkiefern im amerikanischen Westen beruhen, über einen Zeitraum von zwei Jahrzehnten offenbar nur von einem einzigen Baum. Vor allem aber: Die statistische Methode, die Mann und sein Team angewandt hatten, führte beinahe zwangsläufig zu einer Hockeystickkurve – egal welche Daten man eingab. Selbst wahllose Zufallszahlen führten – ebenso wie die Baumringanalysen – zu einem starken Anstieg der Temperatur im 20. Jahrhundert.

Bevor eine Fachzeitschrift eine solche Kritik veröffentlicht, werden grundsätzlich Gutachten von anderen anonymen Experten auf diesem Gebiet eingeholt, ein Verfahren, das man »Peer-Review« nennt. Einer dieser Prüfer schrieb: »Die Bedeutung dieses Artikels liegt darin, dass gezeigt wird, dass eines der wichtigsten und bekanntesten Ergebnisse der Klimaforschung, nämlich das Hockeyschlägerdiagramm, auf einem Fehler in der mathematischen Technik basiert ... die Methode tendiert dazu, Daten mit Hockeyschlägerform signifikant hervorzuheben.« Und dann fügte er noch hinzu: »Ich empfehle Ihnen, vor diesem Artikel nicht zurückzuschrecken, nur aufgrund seines Streitpotenzials. Wissenschaft kann nur im offenen Dialog erfolgreich sein, bei dem Kritiker beider Seiten gehört werden.«

Die Mühlen der Wissenschaft mögen langsam mahlen, aber sie mahlen eben doch. Andere im Wissenschaftsbetrieb etablierte Forscher nahmen sich ebenfalls der Sache an und kamen unabhängig von Stephen McIntyre zu ähnlichen Ergebnissen. Eine Gruppe um Hans von Storch vom GKSS Forschungszentrum in Gesthaacht veröffentlichte in der Zeitschrift »Science« eine Studie, nach der die Temperaturen in den vorindustriellen Zeiten sehr viel stärker geschwankt haben könnten, als in der Mann'schen Kurve nahegelegt. In einem Interview mit dem »Spiegel« sagte von Storch: »Diese Kurve ist Quatsch.« Forscher der Universität Stockholm stellten in der Zeitschrift »Nature« weitere Belege dafür vor, dass es im elften und zwölften Jahrhundert ähnlich warm gewesen sein könnte wie heute. Neue Analysen von Stalagmiten ergaben außerdem, dass die mittelalterliche Warmzeit zumindest auf der gesamten Nordhalbkugel spürbar war – und nicht einfach als ein nebensächliches lokales Phänomen abgetan werden kann. Es sieht inzwischen so aus, als ob die Warmzeit wieder auferstanden ist. Im neuesten Weltklimabericht ist der Hockeyschläger aus der Zusammenfassung für Politiker jedenfalls verschwunden.

Doch der Streit geht weiter: Michael Mann hat inzwischen einige Fehler bei der Behandlung und Zuordnung von Daten eingeräumt. An der grundsätzlichen Aussage ändere das aber nichts: Niemals sei es im vergangenen Jahrtausend so warm gewesen wie in den neunziger Jahren des 20. Jahrhunderts. Auch viele andere Wissenschaftler meinen, Mann's Methode möge zwar falsch sein, seine Schlüsse seien aber dennoch richtig. Edward Wegman, einer der renommiertesten amerikanischen Statistiker, weist diese Einstellung trocken zurück: »Falsche Methode + richtige Antwort = schlechte Wissenschaft.« Wegman war von Mitgliedern des amerikanischen Kongresses mit einer Untersuchung der Affäre beauftragt worden.

»Unsere Ergebnisse widerlegen nicht, dass die Erdatmosphäre wärmer wird«, sagt Stephen McIntyre, »aber die berühmte Hockeyschlägerstudie erlaubt uns keinerlei Schlüsse über das Ausmaß der heutigen Erwärmung in Relation zu den vergangenen tausend Jahren.« Tatsächlich sagt das Vorhandensein einer ausgeprägten mittelalterlichen Warmzeit noch nichts darüber aus, ob die heutigen Klimaverhältnisse nun natürlichen Ursprungs sind oder nicht. Sie signalisiert lediglich, dass es sich bei der gegenwärtigen Erwärmung um kein singuläres und nie da gewesenes Ereignis handeln muss. Die relativierende Wirkung dieses Argumentes war vielen Apologeten einer dramatischen Erwärmung schon lange ein Dorn im Auge. Der Weltklimarat sah mit dem Hockeyschlägerdiagramm möglicherweise die Chance, die lästigen Stimmen endlich zum Verstummen zu bringen. »Richtig bedenklich ist, dass die Publikation von den Mächtigen des IPCC zu einer Ikone, zum Symbol für den Nachweis des menschengemachten Klimawandels erhoben wurde«, sagt Hans von Storch. »Das war nicht nur dumm, sondern unverantwortlich.« Man habe seiner Sache einen Bärendienst erwiesen, weil durch diese Überhöhung nun unberechtigterweise der gesamte anthropogene Klimawandel als zweifelhaft dargestellt werde.

Dennoch bleibt die Frage, warum eine vorgeblich über jeden Zweifel erhabene Institution wie der Weltklimarat glaubt, zu solchen Methoden greifen zu müssen. Zusätzlich stellt sich die Frage nach der Qualitätskontrolle. In der Öffentlichkeit wird gerne die Zahl von 2500 Wissenschaftlern in aller Welt bemüht, die für die Qualität des Weltklimaberichtes geradestehen und einen »einstimmigen Konsens« formulieren. Da irritiert es schon, wenn sich herausstellt, dass offenbar kein einziger dieser 2500 Wissenschaftler die Daten und die Methodik kannte oder hinterfragte, auf denen eine so zentrale Botschaft des Gremiums fußte. Und die Kurve lebt in den Medien weiter: Al Gore beispielsweise präsentiert sie in seinem Film »Eine unbequeme Wahrheit« als Fakt.

Der »Außenseiter« und »Hobbyforscher« Stephen McIntyre hat eigentlich nur das gemacht, was man von den Gutachtern der Fachzeitschriften und den Verantwortlichen des Weltklimarates erwartet hätte. Federführender Autor des entsprechenden IPCC-Fachkapitels war allerdings Michael Mann selbst. Dies macht seine Weigerung, Daten und Rechenmethoden zur Überprüfung offenzulegen, doppelt problematisch. Ein Gremium, das für sich in Anspruch nimmt, den globalen wissenschaftlichen Konsens zu repräsentieren, und von öffentlichen Geldern finanziert wird, sollte keine Geheimwissenschaft betreiben. Und manchmal muss eben ein Außenseiter kommen, um daran zu erinnern.

Die Hockeyschlägeraffäre ist so auch ein kleines Lehrstück über den Nutzen des Zweifels. In der Wissenschaft darf alles kritisiert und angezweifelt werden. Das ist ihr methodisches Prinzip und Fundament ihrer Autorität. Es herrscht Basisdemokratie unter Gleichen. Und für das Wissen gilt: Es ist jederzeit revidierbar. Diese Arbeitsweise ist nur schwer mit dem Gedanken des »Konsenses« in Einklang zu bringen. Der ist eine politische oder diplomatische Methode, aber keine wissenschaftliche. Erringt die Politik in Klimafragen die Deutungshoheit, dann wirkt sich dies für den weiteren Erkenntnisgewinn nicht eben positiv aus.

Die Folgen davon sind längst zu besichtigen. Wissenschaftler bleiben in Deckung, damit nicht darüber geredet wird, wie viele Stellen inzwischen vom Klimathema abhängen, wie viel Geld in die verschiedenen Disziplinen fließt, wie viele neue Superrechner angeschafft werden. Seit Anfang der neunziger Jahre flossen weltweit schätzungsweise 80 Milliarden Euro in die Klimaforschung. Viele halten auch den Mund, weil skeptische Einwände schlichtweg unerwünscht sind. Es herrscht ein großer Konformitätsdruck: Wer ausbricht, muss um seine mühsam erworbene Stellung in der »Scientific Community« fürchten. »Forscher verbieten sich jedwede relativierende Schärfung ihrer Argumente, weil die Politik in ihren Augen endlich das Richtige tut, die Wirtschaft endlich wach wird und der Bürger endlich mitmacht«, schreibt der Wissenschaftsjournalist Andreas Sentker in der »Zeit«. »Dass die Bekehrten allesamt von falschen Voraussetzungen ausgehen könnten, ist zweitrangig.«

Es verwundert deshalb nicht, dass dissidente Meinungen in der Mehrzahl von Außenseitern oder älteren, emeritierten Forschern geäußert werden, die nicht mehr um Mittel und Karriere fürchten müssen (und meist einen hohen Grad an persönlicher Unabhängigkeit haben). Der bereits erwähnte Astrophysiker Nir Shaviv ist einer der wenigen jungen Wissenschaftler, der sich nicht im Hauptstrom der Klimaforschung bewegt. Er meint: »Es ist sehr viel leichter, allgemein akzeptierte Forschung zu machen, als sich auf kontroverses Terrain zu begeben. Das gilt sowohl für die Beschaffung von Mitteln als auch für die Publikation in Fachzeitschriften.« Junge Forscher hätten es im Mainstream schlichtweg leichter, sich zu etablieren; alles andere sei ein schwerer Gang: »Die übergroße Mehrheit aller Forschung wird gemacht, um die Treibhausgase als Haupttreiber des Klimawandels zu überführen, nur ganz selten wird versucht, diese Hypothese zu falsifizieren oder eine alternative Hypothese zu erarbeiten.« Und dafür gäbe es mehrere Gründe: »Erstens glauben viele Klimatologen wirklich, dass die anthropogenen Treibhausgase die Ursache sind. Aus dieser festen Überzeugung heraus schauen sie nur noch nach Fakten, die ihre Ansicht bestätigen.« Außerdem würden die Forschungsgelder nur so lange reichlich sprudeln, wie das Klima ein beängstigendes Problem bleibe. »Nur wenige Menschen schlagen einen Weg ein, der absehbar ihr Einkommen vermindert.«

Für einen jungen Nachwuchsforscher wäre es sicherlich nicht sehr verlockend gewesen, die Hockeyschlägerkurve in mühevoller Kleinarbeit zu analysieren. Was sollte das bringen? Würde das nicht so aussehen, als ob er einem der großen Namen des Faches misstraute? Welcher Professor würde ihn dabei unterstützen? Und wer sollte Interesse haben, so etwas zu publizieren? Der Physiker und Mathematiker Freeman Dyson, ein großer alter Mann der Wissenschaft, sagte in einer Rede vor jungen Studenten der Universität von Michigan unter ausdrücklicher Bezugnahme auf den Klimawandel: »Leider bin ich ein alter Häretiker. Doch alte Häretiker brechen das Eis nicht. Wir brauchen junge Häretiker.« Und dann fügte er hinzu: »Natürlich sagen sie, dass ich keinen Doktor in Meteorologie habe und deshalb nicht qualifiziert bin mitzureden. Aber ich habe ihre Klimamodelle analysiert und weiß, was sie können und was sie nicht können. Die richtige Welt ist voller Dinge, die wir nicht verstehen.«

Es gibt keine Regel, nach der in der Wissenschaft die Mehrheit richtig liegen muss. Es gibt auch keine, dass die Minderheit öfter recht hat, obwohl das in einigen spektakulären Fällen wie Galileo Galilei oder Alfred Wegner der Fall war. Der berühmte Autor und Biochemiker Isaac Asimov traute sich in dieser Sache auch nur ein annäherndes Urteil zu: »Wenn eine wissenschaftliche Außenseitermeinung von der großen Öffentlichkeit verworfen oder abgelehnt wird, besteht die Chance, dass sie richtig ist. Wenn eine wissenschaftliche Außenseitermeinung von der großen Öffentlichkeit enthusiastisch unterstützt wird, dann ist sie fast sicher falsch.«

Der Amerikaner James Surowiecki hat ein Buch »Die Weisheit der Vielen« geschrieben, das für den Weltklimarat, aber auch für den überschaubaren Zirkel der »anerkannten« Klimaforscher von großem Wert sein könnte. Er stellt darin die Frage, welche Voraussetzungen erfüllt sein müssen, damit Gruppen zu guten Entscheidungen und Ergebnissen kommen. Am wichtigsten ist laut Surowiecki: Vielfalt und Unabhängigkeit. Homogenität sei die Pest: »Wenn Entscheidungsträger mentalitäts- und weltanschauungsmäßig einander zu ähnlich sind, werden sie leicht Opfer des Gruppendenkens.« Weil Informationen, die die konventionelle Weisheit infrage stellen könnten, von vornherein ausgeschlossen oder als offenkundig falsch abgetan würden. Je abhängiger Menschen von anderen oder deren Informationen wären, desto höher sei das Risiko, dass sie gemeinsam Fehler begehen. Gescheite Gruppen bestünden aus Menschen mit unterschiedlichen Perspektiven, die unabhängig voneinander sind. Ohne Erkenntnisvielfalt geht es schief. Klimaforscher Hans von Storch sagt über die Hockeyschlägeraffäre: »Es ist gut, dass die Debatte über die Temperaturgeschichte der vergangenen 1000 Jahre wieder vorbehaltlos geführt werden kann. Stephen McIntyre hat dazu wesentlich beigetragen, dafür steht ihm Dank zu.«

Der Strand und der Ozean sind als paradiesischer Platz eine ziemlich neue Erfindung. Seit etwa einem Jahrhundert ist das nasse Element auf seltsame Weise verklärt worden: Der moderne Freizeitmensch liebt das Wasser. Ganz im Gegensatz zu Fischern und Menschen, die am Rande des Ozeans siedelten. Sie konnten bis in die jüngste Zeit nur selten schwimmen – und können das vielfach auch heute noch nicht. Sie fürchten vielmehr die Gewalt des Wassers, so wie die am Fuße der Berge siedelnden Bauern es traditionell vermieden haben, hinauf in die bedrohlichen Massive zu steigen. Als die ersten englischen Touristen die Schweizer Alpen eroberten, fanden die Bewohner der Region das ausgesprochen abwegig. Der Sinn für die Gefahren und Gewalten der Natur ist vielen heutigen Menschen abhandengekommen.

Als am 26. Dezember 2004 ein Tsunami die Strandwelten Südostasiens heimsuchte, wurde die Menschheit jäh an diese unberechenbare und plötzliche Gewalttätigkeit erinnert. Von allen Vernichtungsarten ist die Wucht des Wassers die jäheste und schrecklichste. Keine andere entfesselte Naturgewalt kann in so kurzer Zeit so viele Menschen töten. Zwei Jahre zuvor hatte die Zerstörungskraft des Wassers auch in Mitteleuropa tragische Konsequenzen. Die Elbe und ihre Zuflüsse verwandelten sich in kürzester Zeit zu alles verschlingenden Ungeheuern, rissen Menschen, Brücken und Häuser mit sich. Ein sogenanntes »Genua-Tief« hatte anhaltende Starkregenfälle mit sich gebracht. Meteorologen kennen diese verhängnisvolle Wettererscheinung seit langem als »Großwetterlage Vb«.

Die Flut der Bilder wurde zum Medienereignis des Jahres 2002 schlechthin. Die Ethnologen Werner Krauss und Monika Rulfs beschreiben es als ein »multidimensionales Totalphänomen, das eine eigene gesamtgesellschaftliche Dynamik entfaltete«. Superlative wie »Jahrhundert-« oder »Jahrtausendflut« prägten die Schlagzeilen, kollektive Symbole wie Sintflut, Krieg oder Apokalypse beschrieben die Dramatik der Lage. Der sächsische Ministerpräsident fühlte sich an den Krieg erinnert, der Dresdner Bürgermeister sprach von der schwersten Stunde seit der Bombardierung von 1945. Die Elbe wurde zum »Schicksalsfluss« und zu einem Bindeglied nationaler Emotionen.

Mit Beginn der Rettungsarbeiten traten auch die Sinnstifter und Interpreten der Flut auf. Führende Politiker appellierten an das »Wir-Gefühl« der Bevölkerung und forderten eine »Anstrengung der ganzen Nation«. Der Bundeskanzler sprach von »der Einheit der Deutschen im Kopf und in den Herzen«. Die Flut wurde vielfach zum Anlass genommen, um sich über die moralische Haltung der Nation Gedanken zu machen. In Deutschland herrschte Wahlkampf, und der Bundeskanzler nutzte die allgemeine Solidarität, um sie als Vorbild für die künftige Einstellung der Bürger zu empfehlen. Nach Ansicht der Meinungsforschungsinstitute entschied er damit die Bundestagswahl für sich.

Waren es früher magische oder religiöse Kräfte, die für solche Katastrophen verantwortlich gemacht wurden, so werden heute meist ökologische oder naturwissenschaftliche Begründungen angeführt. »Der Klimawandel ist keine prognostische Vermutung, er ist bittere Realität«, sagte Gerhard Schröder bei einem Besuch im Hochwassergebiet. Der damalige Bundesaußenminister Joschka Fischer flog zusammen mit seinem Kollegen Jürgen Trittin per Hub-schrauber ins Katastrophengebiet. Von einer durchweichten Deichkrone herab sprach Fischer in die Mikrofone: »Hier sieht man deutlich, wie lang die Bremswege der Natur sind. Deshalb müssen wir alles tun, um Atomkraft und Kohlen-dioxidausstoß zu bekämpfen.« Auch einige Wissenschaftler ließen sich zu gewagten Äußerungen hinreißen. »Es besteht kein Zweifel daran, dass das, was wir heute sehen, die ersten Folgen der globalen Erwärmung sind«, meinte Wolfgang Seiler vom Institut für Meteorologie und Klimaforschung in Garmisch-Partenkirchen. Der Kieler Ozeanograf Mojib Latif assistierte: »Wer jetzt noch bestreitet, dass ein Klimawandel stattfindet, dem ist nicht zu helfen.«

Diejenigen Wissenschaftler, die einen Zusammenhang zwischen Hochwasser und dem vom Menschen gemach-ten Klimawandel bezweifelten, wurden kaum gehört. Wer nicht jene Aussagen liefert, die der Erwartungshaltung der Medien entsprechen, wird totgeschwiegen. Viele Wissen-schaftler hielten auch den Mund, weil sie sich nicht den Zorn der emotionalisierten Öffentlichkeit zuziehen wollten. Andere schwiegen aus volkspädagogischen Gründen. Der Frankfurter Klimaforscher Christian Schönwiese meinte, man könne einige Fehlinterpretationen in Kauf nehmen, wenn die Überschwemmung eine größere öffentliche Auf-merksamkeit für die potenziellen Gefahren der globalen Erwärmung bewirkten.

Die Menschen in Deutschland rückten zusammen. Dar-aus erwuchsen Nächstenliebe, Solidarität und Hilfsbereit-schaft. Bilder von schwitzenden Menschen beim Dämme-bauen symbolisierten die gemeinsame Kraftanstrengung und, so schreiben die Ethnologen Monika Rulfs und Werner

Krauss, bewusst oder unbewusst den »Volkskörper«. Wer in einer solchen Notstandssituation kleinlich die allgemeine Deutung des Unglücks infrage stellt, wird als Filibuster, Störer oder Verharmloser empfunden. Und deshalb wagt es kaum jemand. Der anthropogen verursachte Treibhauseffekt als Ursache für das Unglück wurde so im Bewusstsein der Öffentlichkeit zur Tatsache.

Und auf dieser Basis ging der Klimadiskurs nahtlos in einen religiösen Diskurs über: »Nun ist sie (die Flut) also da, ... vor der eigenen Haustür. Das berührt, weil diese ›Sintflut‹ so viel unerbittlicher als ferne Katastrophen die Frage nach dem Warum stellt, nach begangenen ›Sünden‹, nach deren Verursachern. Wir können auch ohne konkreten wissenschaftlichen Beleg davon ausgehen: An der Erderwärmung sind nicht alleine periodische kosmische Veränderungen schuld, ... sie ist ebenso eine Folge der Lebensweise«, heißt es in einem Kommentar der »Süddeutschen Zeitung«. Die bereits zitierten Ethnologen kommen in ihrer Anayse der medialen Darstellung der Elbeflut zu dem Schluss: »Wissenschaftler übernehmen so bewusst oder unbewusst die Rolle, die einst die Kirche in Katastrophenfällen einnahm.« Sie böten einen sinnstiftenden Rahmen, der das Ereignis als Folge menschlicher Sünde interpretiere.

Einer seriösen faktischen Überprüfung hält die populäre Schuldzuweisung nicht stand. Wer sich die Mühe macht, beispielsweise die an der alten Stadtmühle in Grimma angebrachten Hochwassermarken anzusehen, die die Mulde in den vergangenen drei Jahrhunderten erreicht hat, der wird feststellen, dass extreme Hochwasserereignisse in der Region etwa alle 50 Jahre aufgetreten sind. Im Elbsandsteingebirge kam es 1927 und 1957 zu katastrophalen

Hochwassern durch »Vb-Wetterlagen« und Starkregenfälle, die Hunderte von Brücken wegschwemmten und über 100 Menschen das Leben kosteten. Eine solche Wetterkonstellation ist im Übrigen auch dringend tatverdächtig, das berüchtigte Magdalenen-Hochwasser von 1342 ausgelöst zu haben. Damals wurden weite Teile Zentral- und Osteuropas sowie der Schweiz überflutet. Alleine in der Donauregion starben mehr als 6000 Menschen.

Der Klimaforscher Manfred Mudelsee und sein Team vom Institut für Meteorologie an der Universität Leipzig werteten für die Flüsse Elbe und Oder Daten von insgesamt über 500 Überschwemmungsereignissen aus, die zurück bis ins elfte Jahrhundert reichen. Sie veröffentlichten ihre Ergebnisse in der Wissenschaftszeitschrift »Nature«: Entgegen dem Augenschein sind extreme Hochwasser in Zentraleuropa in den vergangenen Jahrhunderten nicht häufiger geworden. Eher im Gegenteil. In den vergangenen 150 Jahren sind die beiden großen Ströme sogar milder geworden.

Im Sommer hat die Häufigkeit von schweren Hochwassern nicht zugenommen, im Winter verblüffenderweise abgenommen. Grund für den Rückgang seien wärmere Winter (Schmelzwasser, gefrorene Böden und Eisbarrieren forcieren Hochwasser). Wenn überhaupt, dann wirkt sich die globale Erwärmung somit eher positiv auf die Hochwasserlage in der Region aus. Dies widerspricht eklatant allem, was während und kurz nach der Katastrophe lautstark behauptet wurde und sich im allgemeinen Bewusstsein festgesetzt hat. Manfred Mudelsee (der es durchaus für geboten hält, die Kohlendioxid-Emissionen zu reduzieren) kommt zu dem Schluss, dass keine Verschlimmerung der Hochwassersituation erkennbar sei. In der internationalen

Medienlandschaft avancierte seine Arbeit zur Topmeldung: Zahllose Publikationen bis hin nach Asien und Amerika griffen die Erkenntnisse aus Deutschland auf, sogar die US-Umweltbehörde EPA widmete sich dem Thema. Nur im eigenen Land machte die Sache keine Schlagzeilen, von ein paar versteckten Meldungen abgesehen. Es besteht eine beträchtliche Scheu, eine einmal vertretene Meinung später zu korrigieren.

Der Heidelberger Wissenschaftler Bernold Feuerstein befasst sich mit Extremwerten, Abweichungen und anderen Größen der Statistik. Diese Beschäftigung relativiert viele vermeintliche »Jahrhundert«-Hochwasser oder -Stürme. Und dies gilt auch für das Elbehochwasser 2002: »Statistisch gesehen, kann eine solche Jahrhundert- oder Jahrtausendflut in diesem Jahr wiederkommen, und das wäre dann noch immer kein Beweis für eine Klimakatastrophe. In der Öffentlichkeit erschiene dies aber sicher ganz anders.« Eine Häufung solcher Ereignisse könne persönlich sehr intensiv wahrgenommen werden. »Das ist dann das gefühlte Klima«, sagt Feuerstein und zieht den Schluss: »Wetter ist immer. Und immer irgendwo auf dieser Welt katastrophal.«

Egal ob Hochwasser, Hitzesommer oder Hurrikankatastrophe – das Drehbuch des öffentlichen Diskurses folgt einem festen Ritual. Und einige Klimaforscher (meistens sind es dieselben) können der Versuchung nicht widerstehen, den Medien jene »Soundbites« zu liefern, die diese so gerne hören. Ein paar schwüle Tage in Deutschland und Ozeanograf Mojib Latif sagt in »Bild«: »Wir steuern auf tropische Verhältnisse zu« (23. 6. 2007). Ein Tornado in Frankfurt Oberrad und Latif erklärt den »Bild«-Lesern: »Wir müssen mit mehr Tornados rechnen« (25. 6. 2007).

Als New Orleans 2005 von einem schweren Hurrikan heimgesucht wurde, sprach Latif in der ZDF-Sendung »Im Auge des Sturms« davon, dass »Katrinas bald an der Tagesordnung sein könnten«. Chris Landsea, einer der weltweit führenden Hurrikanforscher, verwies solche Aussagen ins Reich der Fabel: Über die vergangenen 60 Jahre ließe sich kein eindeutiger Trend feststellen, nach dem Hurrikans häufiger oder intensiver geworden seien. Neuere Forschungen bestätigen ihn. Hurrikanforscher von der Woods Hole Oceanographic Institution haben die Hurrikan-Historie noch weiter zurück rekonstruiert, und auch sie konnten keine Anzeichen für eine Häufung stärkerer Hurrikans aufgrund der globalen Erwärmung finden. Die gegenwärtigen Sturmaktivitäten seien mit größter Wahrscheinlichkeit Teil natürlicher Zyklen. Hurrikan-Historiker Jeffrey Donnelly: »Wir leben nun mal in einer aktiven Hurrikan-Phase.«

Darüber hinaus war Katrina zum Zeitpunkt seines Auftreffens auf das Festland überhaupt kein herausragender Sturm. 1926 beispielsweise jagte ein Hurrikan über die USA, der unter den heutigen Besiedlungsverhältnissen weitaus verheerendere Schäden angerichtet hätte. Auch weiß man inzwischen: Die Überflutung von New Orleans hatte allenfalls indirekt mit dem zu diesem Zeitpunkt bereits stark abgeschwächten Sturm zu tun, der überdies knapp an der Stadt vorbeizog. Eine Flutwelle durchbrach erst im Nachgang die falsch konstruierten Beton-Flutmauern der Stadt. Wie so etwas richtig gebaut wird, hätten die Amerikaner seit vielen Jahren in den ebenfalls teilweise unter dem Meeresspiegel liegenden Niederlanden studieren können. New Orleans erlebte eine von Menschenhand verursachte Katastrophe. Allerdings nicht per Umweg über das Kohlendioxid, sondern ganz direkt durch Behördenschlamperei. Man hätte die Überschwemmung relativ einfach verhindern können. Und dies gilt auch für viele andere Katastrophen, die dem Klima angelastet werden. In Andhra Pradesh, einem der ärmsten Bundesstaaten Indiens, tötete ein Zyklon 1976 fast 10 000 Menschen. Bei einem ebenso starken Sturm 1991 waren 1000 Opfer zu beklagen. Der Unterschied: In der Zwischenzeit hatte die Regierung einen Katastrophenplan aufgestellt.

Als 1997 durch die Meeresströmung El Niño der Regen in Indonesien ausblieb, war dies noch kein Verderben. Die Wälder trockneten zwar extrem aus, aber sie wären beim ersten Regen wieder ergrünt. Ölpalm-Farmer nutzten die Dürre jedoch aus, um durch Brandrodung neues Land zu gewinnen. So entstanden riesige, unkontrollierbare Waldbrände. Auch das große Hochwasser am Yangtse, dem im Jahre 1998 über 3600 Menschen zum Opfer fielen, war keine reine Naturkatastrophe: Großflächige Rodungen am Oberlauf des Flusses hatten einen erheblichen Anteil am Ausmaß der Katastrophe. Auch hierzulande verschlimmern verbaute Flüsse, mangelnde Überschwemmungsflächen und Neubauten in gefährdeten Gebieten die Folgen von Hochwassern.

Die Auseinandersetzung mit solchen ganz konkreten Missständen ist jedoch wesentlich weniger populär als die Beschwörung der Klimakatastrophe. Jegliche Wetterphänomene und ihre Folgen werden inzwischen der vom Menschen gemachten Klimaerwärmung zugeordnet: Egal ob zu viel Regen oder zu wenig, Hitze oder Kälte, zu viel Schnee oder zu wenig. Als das Orkantief Kyrill Anfang 2007 durch Deutschland jagte, schrieb die »Bild«-Zeitung: »Wer an der drohenden Klimakatastrophe noch gezweifelt hat – das Orkantief Kyrill hat ihn endgültig wach gerüttelt.« Und weil die in dessen Folge vorhergesagte Sturmflut an der Nordsee ausblieb, schrieb das Blatt: »Wie unberechenbar das Wetter geworden ist, zeigte Kyrill im Norden: Die Sturmflut, mit der Meteorologen gerechnet hatten, fiel aus.« Wenn nicht nur eine Katastrophe, sondern auch ihr Ausbleiben als Folge des sündhaften menschlichen Treibens gedeutet wird, dann zeigt dies eine völlige Immunisierung gegen rationale Argumente. So entsteht eine sich selbst abdichtende Weltsicht, die sich schließlich zu einer prinzipiell nicht falsifizierbaren Annahme verhärtet. Die Logik erinnert ein wenig an den mittelalterlichen Gottesbeweis: Wenn eine gefesselte Hexe im Wasser unterging, war sie keine Zauberin, aber dennoch tot. Schwamm sie obenauf, dann handelte es sich hingegen eindeutig um eine Hexe, woraufhin sie ebenfalls vom Leben in den Tod befördert wurde.

Anfang der neunziger Jahre waren in Deutschland schwere Orkane durchs Land gezogen, und man konnte überall lesen, dass es mit den Stürmen immer schlimmer werde. Doch seitdem sind die Stürme in Nordeuropa seltener geworden: Seit dem 18. Jahrhundert gibt es in der Region keinerlei systematischen Wandel in der Häufigkeit und Heftigkeit von Stürmen.

»Stattdessen spricht man nun von Hitzewellen und Überschwemmungen«, sagt Klimaforscher Hans von Storch. Gerne behilft man sich dabei mit dem Begriff »Extremereignis«. Dahinter kann sich praktisch alles verbergen. Und alles, klar doch, nimmt zu. Von Storch: »Dann passen selbst Dürre in Brandenburg und Sintflut an der Oder ins Bild, ohne sich zu widersprechen.«

Die scheinbare Häufung von Wetterextremen, so räumte der Leiter des Klimaprogramms der Welt-Meteo-rologie-Organisation ein, könne auch dadurch zustande kommen, »dass die Berichte und die Erfassung von Wet-terextremen zunehmen«. Dafür spricht eine Beobachtung, die Wissenschaftler in den USA beim Abgleich von Bevöl-kerungsdichte und Tornado-Häufigkeit in verschiedenen Regionen gemacht haben: »Wo mehr Menschen leben, gibt es mehr Tornados.« Seit 1997 bauen Wissenschaftler auch hierzulande ein dichtes Netzwerk privater Wetterbeobach-ter auf, um lokalen Unwettern in Deutschland, Österreich und der Schweiz auf die Spur zu kommen. Ergebnis: Seit etwa fünf Jahren steigen die Fallzahlen für Tornados deut-lich. »Nicht weil es mehr Tornados gibt, sondern weil sie mehr beobachtet werden«, sagt Bernold Feuerstein. Und die Berichterstattung in den Medien dürfte auch erheblich zunehmen. Dies liegt ganz einfach daran, dass es jetzt oft spektakuläre Bilder von solchen Stürmen gibt. So trägt auch eine revolutionäre Alltagserfindung zur scheinbaren Häu-fung von Wetterextremen bei: das Fotohandy.

Richtig ist, dass die Versicherungen immer größere Schä-den ersetzen müssen. Das liegt aber vor allem daran, dass immer mehr Menschen in gefährdeten Gebieten – beispiels-weise an den Küsten – siedeln. Auch haben sie durch wach-senden Wohlstand immer mehr Hab und Gut. Und sie sind immer häufiger versichert. Viel wichtiger aber ist eine andere Entwicklung: Die Zahl der bei Stürmen, Hochwassern und anderen klimabedingten Katastrophen getöteten Menschen ist seit Beginn des 20. Jahrhunderts stark rückläufig.

Das bestätigt auch eine Untersuchung der österreichi-schen Ökonomen Josef Nussbaumer und Helmut Winkler, die 1422 Naturkatastrophen untersucht haben, die sich zwischen 1896 und 1995 ereignet haben und jeweils mehr als hundert Menschen das Leben kosteten. Die Zahl der kleinen Katastrophen stieg demnach an, die der großen mit über 10 000 Toten nahm aber ab. Solche Großdesaster (meist waren es Dürren) hatten einen gewaltigen Einfluss auf die Opferstatistik. So starben 98 Prozent aller Opfer durch 140 Großkatastrophen. In reichen Ländern sanken die Opferzahlen drastisch, selbst in Entwicklungsländern nahm die Zahl der Katastrophentoten – trotz steigender Bevölkerungszahl – leicht ab.

Dank mehr Wohlstand können sich die Menschen besser schützen und anpassen. Aber auch bessere Hilfe, gerade bei Hungersnöten infolge von Dürren, zählt zu den Gründen dafür. Seit 1980 hat sich das durchschnittliche Pro-Kopf-Einkommen der Weltbevölkerung verdoppelt. 450 Millionen Menschen wurden aus tiefster Armut befreit, allein in China schrumpfte die Zahl der Menschen, die täglich mit weniger als zwei Dollar auskommen müssen, von 260 Millionen auf 42 Millionen. Die mittlere Lebenserwartung der Menschheit liegt heute bei 65 Jahren. Trotz steigender Temperaturen ist das Leben für die Menschen insgesamt sicherer geworden.

Das reicht natürlich bei weitem noch nicht aus. Nach wie vor sind arme Nationen den Naturgewalten am schutzlosesten ausgeliefert. Bei einem Vergleich springt sofort ins Auge, dass die Opferzahlen nach Stürmen oder Überflutungen in den USA oder in Europa um Größenordnungen geringer sind als in Haiti oder Bangladesch. Die große Spendenbereitschaft trägt dazu bei, dort zumindest die Folgen schwerer Katastrophen zu lindern. Langfristig ist für diese Länder wirtschaftliches Wachstum und Wohlstand der beste Klimaschutz – egal ob der Wandel nun vom Menschen verursacht ist oder nicht. Da Geld nur einmal ausgegeben werden kann, stellt sich die Frage, ob die Anpassung an das möglicherweise Unvermeidliche nicht Vorrang haben sollte. Es werden Unsummen für die unsichere Hoffnung ausgegeben, den Meeresspiegel in 100 Jahren um ein paar Zentimeter weniger ansteigen zu lassen. Wer dieses Geld dafür verwendet, den Menschen heute Deiche und Schutzvorrichtungen zu bauen, hilft ihnen wahrscheinlich sehr viel wirkungsvoller. Das zeigt nicht zuletzt unsere eigene Vergangenheit. Die Geschichte der Sturmfluten an der Nordseeküste ist von ungeheuren Katastrophen geprägt. Doch die Gefahr, durch Sturmfluten umzukommen, wurde dank entsprechender Schutzmaßnahmen sehr viel geringer.

Sturmfluten: extrem bedrohliche Vergangenheit

17. Februar 1164	*Erste Julianenflut, Einbruch des Jadebusens, 20 000 Tote*
16. Januar 1219	*Erste Marcellusflut, schwere Schäden in Niedersachsen und Holland, 36 000 Tote*
23. November 1334	*Clemensflut, Erweiterung des Jadeeinbruches, Dörfer verloren, Butjadingen wird Insel*
16. Januar 1362	*Zweite Marcellusflut, große »Manndränke«, etwa 100 000 Tote an der Nordseeküste*
9. Oktober 1373	*Erste Dionysiusflut, größte Ausdehnung der Leybucht bis zur Stadt Norden*
9. Oktober 1377	*Zweite Dionysiusflut, verheerende Deichbrüche in der Leybucht, schwere Schäden*

26. September 1509	Cosmas- und Damianflut, größte Ausdehnung, Emden ist kein direkter Seehafen mehr
16. Januar 1511	Antoniusflut Eisflut, Durchbruch zwischen Jade und Weser
1. November 1570	Vierte Allerheiligenflut, Deichbrüche, Ortsverlegungen, 10 000 Menschen ertrunken
26. Februar 1625	Fastnachtsflut, Land vier Wochen unter Wasser
22. Februar 1651	Petriflut, schwere Schäden an Deichen
24. Dezember 1717	Weihnachtsflut, schwerste Sturmflut bis dahin, über 12 000 Menschen ertrunken
31. Dezember 1720	Neujahrsflut
3. Februar 1825	Februarflut, viele Deichbrüche, 22 Tote im Amt Tettens, 24 im Amt Minsen
1. Januar 1855	Neujahrsflut, schwere Zerstörungen im Dorf Wangerooge (1863 geräumt)
13. März 1906	Höchste Sturmflut an der Ostfriesischen Küste, die Deiche halten
31. Januar 1953	Hollandsturmflut, fast 20 000 Tote, 1430 Kilometer Marschenland überflutet
16. Februar 1962	Zweite Julianenflut, 340 Tote an der deutschen Nordseeküste, davon 315 in Hamburg
3. Januar 1976	Januarflut, höchste Sturmflut im Elbegebiet, Deichbrüche und materielle Schäden
27. Februar 1990	Februarflut, Sturmflut an der deutschen Nordseeküste

Quelle: Geschichts@tlas Niedersachsen/www.geschichtsatlas.de/Niedersächsisches Ministerium für Landwirtschaft und Forsten

Das Klima als Sündenbock

Shishmaref ist ein kleines Dorf in Alaska mit rund 500 Ureinwohnern. Der Ort liegt auf einer winzigen Insel, 400 Meter breit und vier Kilometer lang. Die kleinen Häuser wurden überwiegend mit US-Staatsgeldern nahe am Strand gebaut, sie bestehen überwiegend aus Holz. 1997 riss eine Sturmflut einen Landstreifen am Rand des Dorfes weg und einige Häuser blieben halb gekippt an der Abbruchstelle liegen. Die Bilder gehen seitdem um die Welt. Die Einwohner von Sishmaref gelten als Opfer der globalen Erwärmung. Das Meer friert später zu als in vergangenen Jahrzehnten und der Ort ist den Fluten deshalb ungeschützter ausgeliefert. Deshalb sollen die Einwohner in ein sicherer gelegenes neues Dorf umziehen. Nicht alle sind darüber unglücklich, weil es bisher zum Beispiel kein fließendes Wasser gibt. Für Aktivisten und Medien ist Shishmaref jedoch ein Menetekel der globalen Erwärmung: Hier könne man die ersten »Klimaflüchtlinge« besichtigen.

Ortswechsel. »Wenn es keine Pumpen gäbe, dann stünde bei uns alles unter Wasser«, sagt der Ureinwohner, »das ganze Gebiet würde absaufen.« Er lebt in einer unheimlichen Region. Häuser neigen sich und bekommen tiefe Risse, Bäche fließen rückwärts, Straßen sinken, Wälder verwandeln sich in sumpfige Seen. Menschen müssen ihre Häuser verlassen und umgesiedelt werden, ganze Ortschaften werden zu Geisterstädten.

Befinden wir uns auf einer versinkenden Südseeinsel? In einer sibirischen Permafrostregion? Nein, der Mann heißt Klaus Wagner und steht auf einem Deich am nördlichen Rand des Ruhrgebietes. Altendorf-Ulfkotte ist ein

Stadtteil der nordrhein-westfälischen Bergbaustadt Dorsten. Über einen Kilometer unter der Erde wird hier Steinkohle abgebaut. Der Boden versinkt, doch das Grundwasser sinkt nicht mit. 177 Pumpen sind im Betrieb, sonst würden rund 800 Quadratkilometer im alten Bergbaurevier geflutet. 2005 hat auch noch die Erde angefangen zu beben, stärker und häufiger als je zuvor, 488 Erschütterungen wurden alleine 2006 registriert. Jährlich werden in Nordrhein-Westfalen und im Saarland 50 000 Schäden durch den Steinkohle-Untertagebau gemeldet. Gutachter schätzen die Schadenssumme zwischen 13 und 40 Milliarden Euro. Im saarländischen Fürstenhausen stehen 727 Gebäude, davon sind 725 beschädigt. 449 gelten als sogenannte „Schieflagen", 91 als Totalschaden. Große Schlagzeilen macht das nicht, die Öffentlichkeit interessiert sich dafür nur in der Region selbst.

Weltweit werden Millionen von Menschen durch die Kohleförderung oder den Bau von Talsperren aus ihren Häusern und Dörfern vertrieben. Umsiedlung in großem Stil ist längst Alltag auf dem Planeten – und oft genug ein Skandal. Doch die Weltöffentlichkeit nimmt davon sehr viel weniger Notiz als vom Schicksal der Einwohner von Shishmaref. Sicherlich darf man die Probleme, vor die die Menschen in den arktischen Regionen gestellt werden, nicht einfach abtun. Der Klimawandel kann die Jagdgewohnheiten der Inuit beeinträchtigen, am Rande der Permafrostregionen richten mildere Temperaturen Schäden an Gebäuden und Straßen an. Dennoch geraten die tatsächlichen Probleme der Menschen durch die Fixierung auf das Klima vollkommen aus dem Blick. Die sind nämlich viel stärker sozialer und ökonomischer Natur.

Die Klimakatastrophe als Ausrede für staatliches oder gesellschaftliches Versagen ist ganz groß im Kommen. So haben die kanadischen Inuit eine deutlich geringere Lebenserwartung als die übrigen Bewohner des Landes, sechsmal so häufig Tuberkulose, die Arbeitslosigkeit ist viermal so hoch, der zahlreiche Nachwuchs erreicht selten eine höhere Schulbildung. Alkoholismus, Depression und Gewalt sind an der Tagesordnung – und dies schon seit Jahrzehnten. Keine ethnische Gruppe in der ganzen westlichen Welt hat eine so hohe Selbstmordrate wie die Inuit. Die Gründe dafür sind vielschichtig, vor allem ist es nicht gelungen, den jungen Ureinwohnern eine vernünftige Ausbildung und Perspektiven zu geben. Doch anstatt über sozial- und strukturpolitische Versäumnisse zu reden, zeigen die Verantwortlichen lieber auf den Klimawandel. Der Niedergang der Inuit-Kultur begann jedoch lange bevor die Temperaturen anstiegen.

Mehr und mehr bildet sich auf der Welt ein Klimadeterminismus heraus, der für die seit langem bekannten Missstände eine bequeme neue Begründung liefert. So machen hartnäckig Meldungen die Runde, der Inselstaat Tuvalu sei das erste Land, das der Klimakatastrophe zum Opfer fallen würde. Die Aktivisten vom Washingtoner »Earth Policy Institute« machten 2001 mit der Behauptung Schlagzeilen, wegen des steigenden Meeresspiegels müsse der Inselstaat aufgegeben werden, Neuseeland weigere sich aber die 11 000 Flüchtlinge aufzunehmen. Eine Recherche ergab: Weder hatten die Bürger Tuvalus Klimaasyl in Neuseeland beantragt, noch war es abgelehnt worden. In der Region von Tuvalu war der Meeresspiegel seit 20 Jahren praktisch nicht angestiegen, die Messgeräte der australischen »National

Tidal Facility« zeigten absolut nichts Ungewöhnliches. Lester Brown, der Leiter des Instituts, entschuldigte sich dann: »Hier hat ein voreiliger Bericht zu einer längst überfälligen Diskussion geführt. Auch wenn die Umsiedlung noch nicht bevorsteht, sind die Pazifikinseln bedroht. Die Bewohner von Tuvalu leben zu Recht in Angst.«

Obwohl der Meeresspiegel immer noch nicht ungewöhnlich steigt, spielt die Regierung von Tuvalu das Spiel inzwischen begeistert mit. Sie hat jetzt auch Angst vor dem Klimawandel. Damit lässt sich erstens Schadensersatz von den reichen Ländern fordern und zweitens von den hausgemachten Problemen ablenken. Tuvalu hat eine der höchsten Geburtenraten aller Südseestaaten und ist doppelt so dicht bevölkert wie Deutschland. Das Wasser wird wegen des hohen Verbrauchs knapp, aber auch weil tiefe Müllgruben das Grundwasser kontaminieren. Die Küste erodiert vor allem, weil Korallenriffe gesprengt wurden und am Strand Sand für die lokalen Bauunternehmen weggebaggert wird.

Auch die geschürten Ängste vor einer Ausbreitung der Malaria infolge einer Klimaerwärmung verschleiern die tatsächlichen Ursachen – und erschweren so eine effektive Bekämpfung. »Wir sind empört darüber, wie der Öffentlichkeit ein völlig verdrehtes Bild der Tatsachen präsentiert wird, nur um politische Interessen zu befördern«, sagt Paul Reiter vom Pariser Pasteur-Institut, einer der führenden Spezialisten für von Mücken übertragene Krankheiten. Die Ausbreitung von Malaria habe mit den herrschenden Temperaturen wenig zu tun. Die Seuche forderte in vergangenen Jahrhunderten von den Tropen bis nach Russland und zum Polarkreis ihre Opfer – und dies in kälteren Zeiten als heute. Holland wurde 1970 als letztes europäisches Land malariafrei. Die Ursache für die Ausbreitung der Anopheles-Mücke liegt unter anderem im Abholzen von Wäldern, Anlegen von neuen Reisfeldern und dem Verbot des Bekämpfungsmittels DDT. Das Gift tötet Anophelesmücken, die diese Fieberkrankheit übertragen. Und weil das gut gelang, stand Malaria einmal kurz vor der Ausrottung. Dann wurde DDT verboten, und die Malaria-Opferzahlen explodierten. Heute leiden weltweit wieder rund 500 Millionen Menschen an Malaria. Alle 30 Sekunden stirbt einer von ihnen.

Die Abkehr vom DDT begann, als sich herausstellte, dass sich solche chlorhaltige Verbindungen im Körperfett von Mensch und Tier anreichern. Das lag an seiner massenhaften Verwendung in der Landwirtschaft. Seit den sechziger Jahren wurde das Mittel daher in vielen Ländern aus dem Verkehr gezogen. Das Verbot im Agrarbereich war vollkommen richtig, weil es dort in großen Mengen in die Umwelt gelangte und weil andere Spritzmittel zur Verfügung stehen. Für die Malariabekämpfung gab und gibt es jedoch keine preiswerte und ebenso wirksame Alternative. Dennoch wurden von Entwicklungshilfe abhängige Länder genötigt, auch dort auf DDT zu verzichten, wo es ausschließlich gegen die Malaria übertragenden Mücken eingesetzt wurde, selbst in Hütten und Wohnungen. Und dies, obwohl die im Vergleich zum landwirtschaftlichen Einsatz winzigen Mengen für den Menschen selbst nicht gefährlich und auch ökologisch verkraftbar sind. Nach Millionen von Todesopfern hat die Weltgesundheitsorganisation inzwischen wieder einem dosierten Einsatz von DDT zu diesem Zweck zugestimmt. Das ist wesentlich sinnvoller, als die Verbreitung von Malaria durch den Klimaschutz beeinflussen zu wollen. Malariaexperte Paul Reiter findet diese Argumente ziemlich grotesk: »Die Klimaentwicklung ist weitgehend außerhalb unserer Kontrolle, die direkte Bekämpfung der Malariaübertragung hingegen nicht.«

Auch die sozialen Missstände, die im heißen Sommer 2003 Tausende älterer Franzosen das Leben kosteten, waren seit langem bekannt. 80 Prozent der französischen Altenheime litten unter eklatantem Personalmangel, der sich in den Urlaubsmonaten noch verstärkte. Nicht die Hitze an sich, sondern die absolut unzureichende Betreuung führten zum Tod. Hinzu kamen allein lebende alte Menschen, die von ihren urlaubenden Angehörigen ohne Betreuung zurückgelassen wurden. Das waren keine Klimaopfer, sondern Leidtragende von ganz konkreten Missständen wie Armut und Isolation. Diese müssen hier und heute gelöst werden – und nicht in einhundert Jahren auf dem Umweg über den Klimaschutz. Beispiel Philadelphia: Dort schufen die Behörden nach zwei extrem heißen Sommern ein effizientes Warnsystem und soziale Netzwerke zur Unterstützung älterer und besonders gefährdeter Personen.

Doch unverdrossen übertreffen sich die Prognosen mit Schreckensmeldungen über künftige Hitzetote. »Jedes Jahr 86 000 Tote durch Hitze in Europa«, verkündete Anfang 2007 eine Studie der EU-Kommission. Solche theoretischen Hochrechnungen reiben sich auffallend mit der praktischen Realität: So gibt es in Madrid sehr viel mehr Hitzewellen als in Hamburg oder Bremen – ohne dass dort mehr Menschen daran sterben. Die Menschen verhalten sich einfach entsprechend. Bei diesen Szenarien wird obendrein vergessen, dass ein heißer Sommer nur einen Bruchteil Opfer fordert im Vergleich zu einem kalten Winter. Das Forschungsprojekt »Eurowinter« ergab: »Die Zahl der Todesfälle unterliegt in Europa einer jahreszeitlichen Schwankung: Im Winter steigt die mittlere Todesrate dramatisch an. Aber auch bei sehr warmem Wetter zeigt sich eine Zunahme, die allerdings deutlich geringer ist.«

In Großbritannien sterben im Winter sogar mehr Menschen infolge von Kälte als in Russland oder in Finnland. Nach Angaben des Wetteramtes sorgt jeweils ein Grad unter der durchschnittlichen Wintertemperatur für 8000 zusätzliche Todesfälle. Die Betroffenen können jetzt auf mildere Winter hoffen – oder darauf, dass die sozialen Umstände sich ändern. Kern des Problems sind die niedrigen Renten: Nach Regierungsangaben beziehen rund zwei Millionen britische Rentner nur die Mindestrente in Höhe von 102 Pfund in der Woche. Wenn die Energiepreise weiter steigen, geraten immer mehr alte Menschen in Bedrängnis.

Den Vogel abgeschossen in Sachen »Das Klima ist schuld« haben freilich Javier Solana, Beauftragter für die EU-Außenpolitik, und UN-Generalsekretär Ban Ki Moon. »Darfur ist der erste Konflikt, zu dessen Ursachen im weiteren Sinn auch der Klimawandel zählt«, kommentiert Solana das Morden der arabischen Reiterhorden im Sudan. Ban Ki Moon macht ausbleibende Niederschläge infolge des Treibhauseffektes für die Situation verantwortlich. Dabei befinden sich die Politfunktionäre nicht nur auf Kriegsfuß mit dem gesunden Menschenverstand, sondern auch mit der Klimaforschung. Der Sahel sollte den gängigen Modellen zufolge bei einer Erderwärmung eher mehr Niederschlag abbekommen als bisher. Nasa-Forscher haben die Klimaentwicklung der Region mit den Berechnungen der IPCC-Modelle verglichen und kommen zu dem Schluss: »Treibhausgase spielen keine oder nur eine geringe Rolle für den zwischen

1950 und 1999 beobachteten Trockenheits-Trend.« Genau das bestätigen auch Untersuchungen einer Gruppe Bonner Meteorologen. Die Vegetationsbedingungen, beispielsweise durch Überbeanspruchung von Acker und Weiden, seien für das Klima des Sahel zumindest mittelfristig viel größer als der Treibhauseffekt.

Wie abwegig die Behauptungen von Javier Solana und Ban Ki Moon sind, zeigen im Übrigen ein paar einfache Fragen: Warum findet in der Wüste Gobi kein Völkermord statt? Und wie war das in der Vergangenheit? Vor 1940 sind die Temperaturen doch ähnlich schnell angestiegen wie heute. War die globale Erwärmung im weiteren Sinn vielleicht schon für den Zweiten Weltkrieg verantwortlich? Das Bestreben von Medien und Aktivisten, die Klimaerwärmung zu dramatisieren, führt so zur Verharmlosung und Vertuschung der tatsächlichen Probleme. Und zum Nichtstun. Denn was will man machen, wenn das Klima am Völkermord schuld ist?

MIT DEN EISBÄREN AUFS GLATTEIS

Früh am Morgen liegt über der Namibwüste in Südwest-afrika ein Nebelhauch. Kleine schwarze Käfer erklimmen die Sanddünen und verharren bewegungslos oben auf dem Kamm. Ihre Haltung erinnert an eine bizarre Morgenandacht: Der Kopf zeigt nach unten, und das Hinterteil in die Höhe. Die Feuchtigkeit des Nebels kondensiert auf der Außenhaut der Krabbeltiere und gerinnt zu Wassertröpfchen. Diese rinnen über Bauch und Rücken hinunter zur Mundöffnung. So deckt der Schwarzkäfer Onymacris seine Tagesration an Wasser. In der Namib regnet es praktisch nie, dem kleinen Überlebenskünstler kann dies aber völlig egal sein.

Ist Gott ein Käferfreak? »Er scheint eine übertriebene Vorliebe für Käfer zu haben«, mutmaßte einst der britische Biologe John Haldane. Ein Ausflug in die Natur legt in der Tat nahe, dass der Schöpfer auf diese Krabbeltiere besonders viel Zeit und Sorgfalt verwendet hat. In keiner anderen Ordnung der Tiere oder Pflanzen gibt es eine größere Vielfalt: Rund 400 000 Käferarten wurden bisher beschrieben. Jede vierte bekannte Spezies ist demnach ein Käfer. Und jede davon gilt als unersetzbares Original. »Jeder dumme Junge kann einen Käfer zertreten«, dozierte Arthur Schopenhauer, »aber alle Professoren der Welt können keinen herstellen.«

Die Sorge um die Vielfalt der Geschöpfe treibt Biologen und Naturfreunde schon seit Jahrzehnten um. Die sich ausdehnende Zivilisation, Landwirtschaft und Abholzungen verkleinern den Lebensraum vieler Tiere und Pflanzen. In jüngster Zeit wird nun der Klimawandel immer öfter als »Artenkiller« ins Feld geführt. Das liegt auch daran, dass es für die Biologen leichter ist, Forschungsmittel zu erhalten, wenn der Antrag das Wort »Klimawandel« enthält. Immerhin: Die Biodiversitätsforschung, lange Zeit ein Stiefkind der Forschungsförderung, hat es jetzt leichter, die dringend notwendigen Gelder einzusammeln. Die Erforschung der Artenvielfalt steht nämlich nicht am Ende, sondern erst am Anfang. Ein Großteil der Lebewesen in Regenwäldern, Tiefsee und anderen schwer zugänglichen Örtlichkeiten blieb bis heute den Augen der Wissenschaftler verborgen. Zwar waren den Biologen zur Jahrtausendwende etwa 1,75 Millionen Tier- und Pflanzenarten bekannt. Doch selbst diese Zahl ist unsicher, weil nicht alle Melderegister der Naturkundemuseen bisher miteinander abgeglichen wurden.

Schätzungen über die Zahl der noch unbekannten Arten kommen hingegen einem wissenschaftlichen Offenbarungseid gleich: Sie schwanken zwischen drei und 100 Millionen. Der größte Teil davon sind – so wird vermutet – noch unentdeckte Käfer im tropischen Regenwald. Weil der Mensch den Inhalt der Schatztruhe des Lebens nicht kennt, weiß er naturgemäß auch nicht genau, was daraus verschwindet. Und das ist die Crux: Wenn heute Aussterberaten genannt werden, dann beziehen sich die Schwundmeldungen stets auf Arten, von denen man vermutet, dass es sie geben könnte – die man aber gar nicht kennt. Insektenkundler Hans-Reiner Simon von der TU Darmstadt: »Alle Zahlenangaben beruhen auf sogenannten Schätzungen.«

Und die waren schon ziemlich abenteuerlich, bevor das Klima als ein Problem für die Artenvielfalt in die Debatte eingeführt wurde. Im Kampf für ihre gute Sache sind Umweltgruppen schlechte Nachrichten besonders recht. Motto: Wer bietet mehr? Stirbt eine Art pro Jahr aus, wie das Worldwatch Institute 1978 feststellte? 130 pro Tag, wie

Angela Merkel einst als Umweltministerin mahnte? Acht pro Minute, wie die UN-Umweltorganisation UNEP 1996 warnte? Oder gar fast die gesamte Flora und Fauna des Planeten, wie ein Vertreter des Naturschutzbundes (Nabu) vermutete (»1,5 Millionen Arten bis 2020«)?

Die in den vergangenen Jahren am häufigsten zitierte Schätzung stammt von Edward O. Wilson, dem vielfach ausgezeichneten Evolutionsbiologen und Ameisenforscher. Er nimmt an: 27 000 Arten im Jahr sterben aus, also 73 am Tag, drei pro Stunde. Im Gegensatz zu vielen, die ihn als Kronzeugen in Anspruch nehmen, sagt Wilson selbst: »Wir wissen es nicht, wir kennen nicht einmal die annähernde Größenordnung.« Wie kam seine Schätzung zustande? 1982 untersuchte ein Insektenkundler die Kronendächer einer Tropenbaumart in Panama. Nach dem Versprühen von Insektengift in luftiger Höhe fand er auf einem am Boden ausgebreiteten Tuch 1200 Käferarten. Die reiche Jagdstrecke ließ darauf schließen, dass eine enorme Anzahl von tropischen Käfern sich bis heute unentdeckt durchgemogelt hat. Gestützt auf dieses im Regenwald verborgene Millionenheer, wandte Edward O. Wilson einen ökologischen Erfahrungssatz an, der auf isolierten Inseln gemacht wurde: Wenn neunzig Prozent eines Lebensraumes zerstört werden, verschwindet die Hälfte der Arten. Und damit wird die Rechnung bereits sehr spekulativ. Was für isolierte Inseln gilt, muss noch lange nicht für riesige kontinentale Regenwälder gelten, wo Tiere und Pflanzen ausweichen können. Forscher, die großflächige Rodungsgebiete untersuchten, kamen meist zu weniger dramatischen Ergebnissen. So wurden neunzig Prozent des atlantischen Regenwaldes in Brasilien bereits vor langer Zeit gerodet. Überraschenderweise ist jedoch keine einzige Art bekannt, die dadurch ausstarb.

Dennoch geht Wilson in seiner Modellrechnung vom Worst-Case-Szenario aus, was als wissenschaftliches Planspiel auch erlaubt ist. Die unbekannten Arten und ihre angenommene hohe Verlustrate rechnete er dann auf den (ebenfalls nur geschätzten) Rückgang des Regenwaldes hoch. So kamen die viel zitierten drei Arten zustande, die angeblich pro Stunde aussterben. »Die Hochrechnungen beruhen auf Unkenntnis«, sagt der Münchner Evolutionsbiologe Josef H. Reichholf. »Die Werte könnten genauso gut zehnmal höher oder zehnmal niedriger liegen.«

Als wäre das alles nicht schon zweifelhaft genug, werden jetzt die Spekulationen und Hochrechnungen über aussterbende Arten auf Spekulationen und Hochrechnungen über unser künftiges Klima draufgesattelt. Das Artensterben ist viel diskutiert und schlecht verstanden. Das Gleiche gilt für das Klima. Kombiniert man die jeweiligen Modellrechnungen, ist der Weg ins wissenschaftliche Chaos vorprogrammiert. Wer in diesen Untersuchungen nach einer belastbaren empirischen Datengrundlage sucht, stochert alsbald nur noch im Nebel.

Nichtsdestotrotz wird munter weiterspekuliert. Laut dem aktuellen Bericht des Weltklimarates könnte jede vierte Art verschwinden, wenn die Temperatur um mehr als 1,5 bis 2,5 Grad Celsius steigt. So stand es weltweit in den Zeitungen. Korrekt hätte es eher heißen müssen: »Ein Viertel aller Arten, von denen man nicht weiß, ob sie existieren, aber es vermutet, könnte aussterben aufgrund eines Klimas, von dem man nicht weiß, wie es wirklich wird, es aber vermutet.«

Wie überraschend die tatsächlichen Vorgänge in der Natur oft sind, erklärt Reichholf, Leiter der Wirbeltierabteilung der Zoologischen Staatssammlung Bayerns. »Meine eigenen Langzeituntersuchungen, insbesondere an der sehr artenreichen Gruppe der nachts fliegenden Schmetterlinge, zeigen für die letzten vierzig Jahre bei uns genau das Gegenteil des Erwarteten: Arten, die warmes, trockenes Klima brauchen, haben zum Teil sehr stark abgenommen oder sind verschwunden.« Ursache sei die Überdüngung des Landes mit Nährstoffen, vor allem mit Stickstoffverbindungen. Die Bodenvegetation wächst dank dieser überreichen Versorgung viel früher und viel dichter als in der Vergangenheit. Das schafft im bodennahen Bereich kälteres und feuchteres Mikroklima. Viele Insekten, aber auch am Boden brütende Vögel kommen mit diesem nasskalten Milieu nicht zurecht. Das verursacht einen Großteil der Artenrückgänge und -verluste und wirkt den für diese Arten eher günstigen Effekten wärmerer Sommer und milderer Winter massiv entgegen.

Solche kühlen und auf empirischer Forschung basierende Analysen sind recht selten zu hören. Stattdessen lässt beispielsweise das Bundesamt für Naturschutz verlauten: »Auf Grundlage der vorliegenden Modellrechnungen... kann ein durch Klimawandel verursachter Artenverlust aller Pflanzen- und Tierarten von 5 bis 30 Prozent in den nächsten Jahrzehnten für das Gebiet der Bundesrepublik als wahrscheinlich angesehen werden.« Josef H. Reichholf widerspricht: »Die biologische Vielfalt in Deutschland wird durch eine Klimaerwärmung zunehmen und sicherlich nicht zurückgehen.«

Die warmen Sommer der vergangenen Jahre haben etliche Arten nach Deutschland gelockt, die unsere heimische Natur bereichern. Eine davon ist der Bienenfresser, ein bunt gefiederter Schönling, der von Insekten lebt und es gern warm und trocken hat. Mit seinem gelb-schwarz-grün-blau-braunen Federkleid sieht er wie ein tropischer Vogel aus. Doch eigentlich ist er kein wirklicher Neuzugang in Deutschland, sondern ein Rückkehrer. Auf mittelalterlichen Gemälden sind Bienenfresser häufig zu sehen, ebenso Blauracken, Wiedehopfe und andere Arten, die heute im Mittelmeerraum verbreitet sind. Denn damals – zur Zeit des mittelalterlichen Klimaoptimums – war es in Mitteleuropa wärmer als heute. Dann kam die sogenannte kleine Eiszeit, und die gefiederten Sonnenfreunde wanderten nach Süden. Für das Saaletal in Sachsen-Anhalt ist belegt, dass dort bis ins 17. Jahrhundert Bienenfresser vorkamen. Seit 1990 sind sie wieder da. Es kommt dabei immer auf die Perspektive an: Aus Sicht der Bienen ist die Rückkehr der Bienenfresser natürlich ein Übel. Auch mediterrane Wanderschmetterlinge wie Taubenschwänzchen und Totenkopfschwärmer kommen immer häufiger über die Alpen geflattert, um in Deutschland Nektar zu saugen.

Mitteleuropäische Vögel dringen unterdessen immer weiter nach Norden vor. So nisten seit Mitte der neunziger Jahre Graureiher in Tromsø. Manche Zugvögel ziehen nicht mehr, da sie mithilfe der von Menschen bereitgestellten Futterhäuschen gut über die mitteleuropäischen Winter kommen. Besonders die anpassungsfähigen Kurzsteckenzieher korrigieren ihre Reiserouten. So überwintern viele Mönchsgrasmücken nicht mehr wie früher in Südeuropa oder Nordafrika, sondern im südlichen England. Höchst erstaunlich ist dabei, wie schnell der neue Flugplan in den genetischen Code der Tiere eingebaut wird.

Dass wärmere Temperaturen zu einem Rückgang der Artenvielfalt führen, ist prinzipiell keine sonderlich plausible

Prognose. Zwei einfache Befunde sprechen dagegen. Erstens nimmt die Artenvielfalt der Erde zum Äquator hin immer mehr zu. Die geringste Artenvielfalt herrscht an den Polen und in der Kälte der Hochgebirge, die höchste im tropischen Regenwald. Und zweitens waren die Warmzeiten der Erdgeschichte immer die artenreichsten, während in den Eiszeiten die Vielfalt abnahm. Warum sollte es diesmal anders sein – falls es wirklich zu einer starken Klimaerwärmung kommt?

Global gesehen verschieben Klimaänderungen die großen Gürtel der Vegetation bei Erwärmung polwärts und bei Abkühlung äquatorwärts. Bedroht sind bei diesem seit rund zwei Millionen Jahren laufenden Wechsel von Warm- und Kaltzeiten solche Arten, die mit kleinen Verbreitungsgebieten »geografisch festsitzen«, insbesondere Insel- und Gebirgsarten. Auf Mitteleuropa bezogen, wird es keine echten Gewinner und Verlierer geben, denn es stellt ein Überlagerungsgebiet von Arten aus verschiedenen Klimazonen dar. Josef H. Reichholf: »Eine Erwärmung sollte Arten aus dem Südosten und Süden, aber auch solche aus dem Westen begünstigen. Doch die zurückweichenden nördlichen und nordöstlichen Arten haben im Hintergrund eines der größten zusammenhängenden Areale überhaupt, die Weiten Nordasiens.«

Sicherlich werden bestimmte an die Kälte angepasste Arten Schwierigkeiten bekommen, wenn es in den kalten Zonen immer wärmer werden sollte. Auch das Mammut verschwand, als die Eiszeit zu Ende ging. Der Eisbär freut sich hingegen nach wie vor seines Lebens. Deshalb ist er wohl auch zu Unrecht zum Wappentier der globalen Erwärmung erkoren worden. Die Überschriften der Boulevardzeitung sind eindeutig: »Die Eisbären sterben aus.« Der weiße Gigant, so heißt es, werde das erste Opfer der Klimakatastrophe. Ohne Eis kein Eisbär: Das klingt irgendwie plausibel. Ob es stimmt, ist eine andere Frage.

Die Zählungen der Weltnaturschutzunion (IUCN) und des WWF ergaben, dass von zwanzig Populationen zehn stabil sind, sechs unbekannt, zwei wachsend und zwei abnehmend. Die Rückläufigkeit der beiden regionalen Bestände hat jedoch mit Überjagung und nichts mit dem Klima zu tun. Nicht gerade der Stoff für ein dramatisches Aussterbens-Szenario. Anlass der Schreckensmeldung waren wärmere Temperaturen in der kanadischen Hudson Bay. Doch auch die sind nicht so ungewöhnlich, wie die Berichte suggerierten. Dreimal in den vergangenen 100 Jahren war es bereits wärmer, und zwischen 1970 und 1990 sanken die Temperaturen. Die Eisbären-Bestandszahlen des vergangenen halben Jahrhunderts deuten nicht eben auf erhöhtes Unwohlsein hin: 1950 gab es etwa 5000 Eisbären, heute sind es etwa 20 000 bis 25 000.

Sollte es in Zukunft noch wärmer werden, wäre dies für die Eisbären vermutlich auch kein großes Problem. *Ursus maritimus* ist eine evolutionär sehr junge Art, die sich aus dem Braunbären (*Ursus arctos*) entwickelt hat, mit dem sie sich bis heute kreuzen kann. In den Sommermonaten leben viele Eisbären in der schnee- und eisfreien Tundra und kommen dort auch gut zurecht. In der letzten Zwischeneiszeit vor 10 000 bis 15 000 Jahren waren die Temperaturen in der Arktis erheblich höher als heute, auch in der mittelalterlichen Warmzeit war das Nordmeer zu einem guten Teil eisfrei. Der Eisbär hatte sich damit offenbar arrangiert, denn schließlich ist er nicht erst nach 1450 vom Himmel gefallen. Überdies kann er 100 Kilometer weit schwimmen.

Die Bestrebungen, die mächtigen Zottel als bedrohte Art unter Schutz zu stellen, haben wohl eher politischen Hintergrund. Würde die amerikanische Regierung *Ursus maritimus* unter den »Endangered Species Act« stellen, dann müsste sie zugleich einen Plan für den Erhalt seines Lebensraumes vorstellen. Klimaaktivisten spekulieren darauf, die Behörden könnten gleichsam durch eine juristische Hintertür dazu gezwungen werden, die Treibhausgas-Emissionen des Landes verbindlich zu begrenzen.

Der Eisbär liegt ihnen als Trumpf im politischen Poker am Herzen, sonst eher nicht: Paradoxerweise könnte gerade der Schutzstatus die Bestände des weißen Riesen gefährden. Derzeit passen die einheimischen Inuit sehr gut auf die Tiere auf, weil Jäger aus aller Welt große Summen für eine Abschuss-Erlaubnis bezahlen und damit zum Lebensunterhalt der Bevölkerung beitragen. Der »Marine Mammal Protection Act« reguliert dies bereits sehr strikt. Wird die kontrollierte Jagd komplett verboten, werden die Tiere für die Inuit allerdings wertlos. Auch die Tiertrophäen und Häute dürften nicht mehr verkauft werden. Die mit dem Management der Tierbestände in Alaska befasste Biologin Tina Cunnings warnt vor Wilderei und fürchtet, dass es um den Schutz der Tiere unter dem »Edangered Species Act« faktisch schlechter bestellt sein werde als bislang.

Die gegenwärtige Diskussion ist eher dazu angetan, von den tatsächlichen Problemen abzulenken. So hieß es in einer deutschen Boulevardzeitung, der steigende Meeresspiegel in Bangladesch gefährde die dortigen Tiger. Im Naturschutzgebiet Sunderbarns müssten sie auf Suche nach Nahrung zwischen den Inseln umherschwimmen und würden so leicht das Opfer von Wilderern. Doch sind die Sunderbarns schon immer eine Inselwelt, zwischen der die Tiere schwimmen. Ein um jährlich ein paar Millimeter ansteigender Wasserpegel dürfte ihnen nicht viel ausmachen. Ihr Lebensraum wird durch Abholzung von Mangrovenwäldern und in der Folge verstärkter Erosion knapper, auch die Wilderei hat nichts mit der Globaltemperatur zu tun.

Die wirklich große Gefahr für die Lebensvielfalt ist die fortschreitende Vernichtung der tropischen Regenwälder. Josef H. Reichholf: »An der Erhaltung hinreichend großer Flächen der artenreichen Tropenräume wird es liegen, ob überhaupt und wenn ja, in welchem Umfang global Biodiversität an Land verloren geht.« Auch im Meer muss die Erwärmung keine Katastrophe für die Artenvielfalt bedeuten: Die Überfischung stellt ein sehr viel drängenderes Problem dar – das obendrein mit etwas politischem Willen schnell gelöst werden könnte.

Die Auswirkungen einer Klimaveränderung auf die Artenvielfalt des Planeten sind höchstwahrscheinlich geringer als das, was in den nächsten 100 Jahren sonst noch passiert. So lässt sich in Niger beobachten, dass die Menschen die Wüstenbildung durch Anpflanzungen zurückgedrängt haben, während sie in anderen Regionen durch Bürgerkriege daran gehindert werden. In Burkina Faso liegen Dörfer mit zunehmender Vegetation unmittelbar neben Gebieten, in denen die Wüstenbildung voranschreitet, weil die Menschen keine angepasste Wirtschaftsweise betreiben. Im Herbst 2002 wertete ein internationales Wissenschaftlerteam Satellitenbilder und Niederschlagsmessungen der Sahara-Region aus. Sie stellten fest, dass das fruchtbare Land zunimmt und die vegetationslose Fläche auf dem Rückzug ist.

Es ist zwar eine gängige Vorstellung, dass eine Erwärmung zwangsläufig mehr Trockenheit zur Folge hat, sie ist aber zu schlicht. Vielmehr wird durch die verstärkte Verdunstung die Wasserzirkulation angekurbelt. Dadurch verändern sich die Niederschlagsmuster, wobei es Gewinner und Verlierer gibt. Für die Sahara sagen einige Klimamodelle sogar verstärkte Regenfälle voraus, weil dort kräftigere Monsunregen zu erwarten sind – ähnlich wie in vergangenen Zeiten auch schon. Vor 8000 Jahren gab es in der Sahara Binnenseen und eine üppige Flora und Fauna.

Genau wie es bei der Globalisierung ökonomische Gewinner und Verlierer gibt, so hat auch der globale Klimawandel positive und negative Auswirkungen – je nachdem, wo man sich gerade befindet. In Europa könnten ohnehin schon trockene Länder wie Spanien Ernteeinbußen erleiden, während in Skandinavien und Mitteleuropa höhere Erträge erwartet werden. In weiten Teilen Europas könnte der Sojabohnenanbau möglich werden, der derzeit noch keine ausreichend warmen Bedingungen vorfindet. Insgesamt ist auf der Nordhalbkugel derzeit eine zunehmende Vegetation mit längeren Wachstumsperioden zu beobachten. Die Wälder wachsen. Agrarwissenschaftler weisen immer wieder darauf hin, dass Bauern überall auf der Welt eine enorme Flexibilität und Anpassungsfähigkeit an sich verändernde Bedingungen bewiesen haben. Sie dürfen nur nicht durch Willkür, Krieg oder fehlendes Eigentum daran gehindert werden. Die Tatsache beispielsweise, dass Afrika die Fähigkeit zur Selbstversorgung verloren hat, hat keine klimatischen, sondern politische Gründe.

DIE LA-OLA-WELLE

Chaosforscher und Fußballfans kennen das Phänomen gut. In einem System, in dem scheinbar alles durcheinandergeht, bildet sich plötzlich eine Ordnung heraus. Wie von Geisterhand entstehen Strömungen, die sich selbst verstärken und schließlich alles dominieren. Das ist auch der Fall, wenn sich gerade noch wild durcheinander gestikulierende Stadioninsassen auf eine innere Stimme hin zu einer koordinierten La-Ola-Welle erheben. Dabei imitieren die Zuschauer eine sich kreisförmig durch das Stadion bewegende Wasserwelle, in dem sie nacheinander aufstehen und kurz die Arme hochreißen. Akustisch wird die Welle mit einem lauten Johlen untermalt: So bemerkt jeder den herannahenden »Wellenberg« und damit seinen Einsatz. Auch in der Politik und den Medien entstehen auf diese mysteriöse Weise Strömungen, die einen ungeheuren Sog entwickeln. Zum Jahreswechsel 2006/2007 wurde aus einer La-Ola-Welle eine regelrechte Sturmflut, die hier stellvertretend anhand einiger Schlagzeilen der »Bild«-Zeitung veranschaulicht wird. Die größte deutsche Tageszeitung wird hier nur ihrer plakativen Schlagzeilen wegen herausgegriffen; im Tenor berichteten die meisten anderen Medien ähnlich.

30. September 2006: »Deutschland vor Klimaschock«

10. Oktober: *»Wird die Erde unbewohnbar?«*

4. November: *»Unsere Erde hat Fieber!«*

27. Dezember: *»Erleben wir nie wieder weiße Weihnachten?«*

10. Januar 2007:	»Jedes Jahr 86 000 Tote durch Hitze in Europa«
20. Januar:	»Fliegt uns die Erde um die Ohren?«
3. Februar:	»Unser Planet stirbt!«
23. Februar:	»Wir haben nur noch 13 Jahre...«

In Zeitungen, Radio und Fernsehen war von einer »immer dramatischeren Entwicklung« die Rede, das Klima laufe Gefahr, »außer Kontrolle« zu geraten, man habe es mit einem Problem zu tun, das »schlimmer als der Terrorismus« sei. Das »Überleben der Menschheit« stehe auf dem Spiel, ein Milliarden zählendes Lumpenproletariat müsse in den Entwicklungsländern demnächst vor den steigenden Meeresfluten fliehen, in den reichen Ländern drohe eine »Weltwirtschaftskrise«, die ökonomischen Verluste würden die »der beiden vergangenen Weltkriege« in den Schatten stellen.

Was war geschehen? Was hatte Journalisten und Politiker so erschreckt? Irgendwelche aktuellen Naturkatastrophen können es nicht gewesen sein, denn der Planet war zu diesem Zeitpunkt ausnahmsweise recht freundlich zur Menschheit. Die Hurrikan-Saison 2006 hatte sich nicht – wie prognostiziert – als eine der schlimmsten entpuppt, sondern zum Glück als eine der ruhigsten seit langem. Auch in Sachen Unwetter und Fluten war es halbwegs ruhig, große Rückversicherer wie Münchner Rück und Swiss Re vermeldeten wegen der geringen Schäden 2006 sogar Rekordgewinne. In Deutschland brachte der Winter kaum Schnee und Frost, die Haushalte sparten acht Milliarden Euro Heizkosten. Laut Bundesagentur für Arbeit trug der milde Winter zu einem Rekordtief bei der Arbeitslosigkeit bei. »Job Wunder! Und über allem scheint die Sonne«, titelte die »Bild«-Zeitung völlig losgelöst von ihrer sonstigen Berichterstattung und resümierte »Happy Deutschland«. Gleichwohl soll es ausgerechnet dieser Winter gewesen sein, der den Menschen die Augen für die Gefahren des Klimawandels geöffnet habe, so wurde es landauf, landab in Kameras und Mikrofone gesprochen.

Fast scheint es, als gäbe es in Sachen Klima eine Parallelwelt. Der gewaltige Tross der Klimadiplomatie hat im Wechselspiel mit den Medien mittlerweile seine eigene Dynamik – man ist nicht mehr auf irgendwelche Rückkoppelungen mit der realen Welt angewiesen. Wann immer im politischen Geschäft Verhandlungen über internationale Klimaabkommen anstehen, werden die apokalyptischen Reiter in Bewegung gesetzt, um entsprechenden Druck aufzubauen. Allein schon das Erscheinungsdatum vieler wissenschaftlicher Studien im Vorfeld solcher Ereignisse legt ein gewisses Misstrauen nahe. Zeitlich wohl abgestimmt erblickte 2006/2007 eine ganze Reihe Klimaexpertisen das Licht der Welt, die im Konzert mit diversen Klimakonferenzen und Gipfeln einen nie da gewesenen medialen Daueralarm auslösten.

Den Anfang machte man im kenianischen Nairobi, wo sich mehrere Tausend Diplomaten, Wissenschaftler, Industrievertreter und Umweltaktivisten zu einer Weltklimakonferenz versammelten (die zwölfte derartige Zusammenkunft seit 1992). Die britische Labour-Regierung warf den sogenannten »Stern-Report« ins Kampfgetümmel, der die ökonomischen Folgen des Klimawandels in den schwärzesten Farben malte und sofortiges Handeln propagierte. Vor allem aber wurde der neue Bericht des Weltklimarates IPCC medial perfekt inszeniert. Die Funktionäre entschieden sich dafür, seine drei Teile (einen physikalischen Teil, einen zu Klimafolgen und einen zu Handlungsstrategien) zeitlich versetzt in Paris, Brüssel und Bangkok zu präsentieren. Ein Novum dabei: Die kurzen politischen Zusammenfassungen wurden Monate vor den viele hundert Seiten umfassenden Berichten veröffentlicht. Das hat zwei Vorteile: Erstens kann niemand überprüfen, ob die Zusammenfassung auch zutreffend ist. Und zweitens gibt es bei der Präsentation der eigentlichen wissenschaftlichen Papiere noch einmal Schlagzeilen.

Den Anfang machte die Zusammenfassung des physikalisch-wissenschaftlichen Sachstandes (»The Physical Science Basis«), die Anfang 2007 vorgelegt wurde. Die »Bild«-Zeitung stellte ihn auf ihrer Titelseite so vor: »Schockierender Weltklimabericht. Unser Planet stirbt!« Und im Vorspann heißt es: »Jetzt amtlich: Es wird immer heißer! Schlimmste Kohlendioxid-Konzentration seit 650 000 Jahren. Immer häufigere Hitzewellen und Katastrophenwetter. Meeresspiegel steigt dramatisch. Kiel, Hamburg und Rostock in Gefahr. Und an allem ist nur der Mensch schuld.«

Wer die 21 Seiten lange «Summary for Policymakers« las, stellte geradezu beruhigt fest: Vom Weltuntergang ist mit keinem Wort die Rede. Auch Kiel, Hamburg und Rostock werden überhaupt nicht erwähnt. Die Angaben über einen Anstieg des Meeresspiegels wurden gegenüber dem Vorbericht nicht etwa erhöht, sondern zurückgenommen (!). Es wird auch darauf hingewiesen, dass in der Antarktis keine Erwärmung festzustellen ist und dass es in der Arktis von 1925 bis 1945 schon einmal einen starken Temperatursprung nach oben gab. In den vergangenen 100 Jahren betrug der

Anstieg des Meeresspiegels laut IPCC zwischen einem und drei Millimetern pro Jahr, also 10 bis 30 Zentimeter in 100 Jahren. Die vermutete Spanne für den Anstieg in den nächsten 100 Jahren wird mit 19 bis 59 Zentimetern angegeben. Zur Einordnung für Deutschland: Die ostfriesische Küstenschutz-Behörde geht bei ihren Bauplänen für Deiche und Küstenschutzanlagen schon immer davon aus, dass sich der Meeresspiegel um etwa 25 Zentimeter pro Jahrhundert erhöht – und bislang sieht sie auch keine Beschleunigung.

Für die Temperaturentwicklung der kommenden 100 Jahre hat das IPCC von verschiedenen Computern sogenannte Szenarien errechnen lassen (man vermeidet explizit das Wort »Prognose«). Die liegen insgesamt zwischen 1,1 und 6,4 Grad, die »beste Schätzung« (best estimate) zwischen 1,8 und 4,0 Grad. Die unterste Schätzung ist dabei relativ konsistent mit den Beobachtungen. Die Temperaturerhöhung der vergangenen Jahrzehnte lag bei etwa 0,2 Grad pro Jahrzehnt. Dieser Anstieg war linear und relativ konstant, jedenfalls nicht exponentiell.

Der Weltklimarat hält eine Häufung von wärmeren Tagen und Nächten in den vergangenen 50 Jahren für sehr wahrscheinlich, eine Zunahme anderer Wetterextreme wird mit einer Wahrscheinlichkeit von 66 Prozent vermutet. In der Frage, ob diese auf den Einfluss des Menschen zurückgeführt werden können, bleibt der Bericht ebenfalls vorsichtig, auch hierfür wird die Wahrscheinlichkeit mit maximal 66 Prozent, größtenteils aber darunter angegeben. Das IPCC ist von einem merklichen Einfluss des Menschen auf die zu beobachtende Erwärmung überzeugt (90 Prozent Wahrscheinlichkeit), wobei den verschiedenen Treibhausgasen die größte Bedeutung zugemessen wird. Das war allerdings auch schon im Bericht 2001 der Fall; insofern ist die Kernbotschaft keineswegs neu, außer dass man sich jetzt noch etwas sicherer ist. Die Tatsache, dass die Kohlendioxidkonzentration die höchste seit 650 000 Jahren ist, sagt für sich allein genommen nichts. Es gibt in diesem Zeitraum auch viele andere Veränderungen in Atmosphäre und Biosphäre, ohne dass daraus automatisch eine dramatische Gefahr erwächst.

Im Vergleich dazu, was in den Medien daraus gemacht wurde, ist das betreffende Papier des Weltklimarates von erstaunlicher Zurückhaltung. Sicherlich spricht aus vielen Punkten ernsthafte Besorgnis, eine neue dramatische Qualität der Bedrohung muss man allerdings mutwillig herbeischreiben. Die Schlagzeile »Der Planet stirbt« ist jedenfalls barer Unsinn und durch nichts gedeckt. Der »Immerschlimmerismus« (Matthias Horx) geht einher mit einer Sprache des Untergangs, die sich immer der gleichen Floskeln bedient: »Temperaturanstieg beschleunigt sich katastrophal«, »Der geschundene Planet«, »Klimagau«, »Lage dramatisch zugespitzt«, »Letzte Gnadenfrist«, »Tod im Treibhaus«, »Glutwelle«, »Hitzestress«, »Nach uns die Sintflut«, »Hiobsbotschaft der Klimaforscher«, »Patient Erde«.

Es werden meist nur Erkenntnisse wahrgenommen, die mit diesen Satzbausteinen beschrieben werden können. Inzwischen wird das selbst den engagierten Vertretern der anthropogenen Treibhausthese zu viel. Mike Hulme, Direktor des bekannten britischen »Tyndall-Centre for Climate Change Research«, stört sich am immer häufigeren Gebrauch der Vorsilben »katastrophisch«, »chaotisch«, »irreversibel« oder »rapide«. Der Klimadiskurs werde inzwischen von Phrasen geprägt wie etwa »Klimawandel schlimmer als gedacht«, »Erdklima vor irreversiblem Umkippen« oder »Wir sind am Punkt ohne Wiederkehr«. Hulme werde immer häufiger kritisiert, weil seine öffentlichen Statements die gewünschte Dramatik und Übertreibung vermissen ließen. Hulme spricht von einem »Megafon-Journalismus«, der kurz davor sei, die Gesellschaft auf eine »negative, depressive, reaktionäre Flugbahn« zu bringen, die vollkommen kontraproduktiv sei. Und dann sagt er noch: »Offenbar geraten wir professionellen Klimawissenschaftler plötzlich in die Rolle der (Katastrophen-)Skeptiker. Wie schnell sich das Rad doch manchmal dreht.«

Das Erstaunliche ist, dass ansonsten kritische Journalisten beim Thema Klima jene berufliche Skepsis vergessen, auf die sie sonst besonders stolz sind. Ein gutes Beispiel dafür liefert der bereits erwähnte »Stern-Report«. Der Ökonom Sir Nicholas Stern beziffert darin die Kosten für den vom Menschen gemachten Klimawandel auf bis zu 5,5 Billionen Euro. Und weil das nicht besonders anschaulich ist, wird eine dramatische Formulierung mitgeliefert: Die ökonomischen Verluste würden die »der beiden vergangenen Weltkriege« übertreffen. Medien apportieren solche Formulierungen wie gut dressierte Schäferhunde. Ebenfalls beliebt war die Schlagzeile: »Klimawandel kann Weltwirtschaftskrise verursachen.«

Nun muss man wissen: Stern ist kein unabhängiger Wissenschaftler, sondern Leiter des volkswirtschaftlichen Dienstes der britischen Regierung. Sein Report ist kein Forschungsprojekt, sondern die Auftragsarbeit eines Beamten für eine Regierung mit einem politischen Programm. Und dieser Regierung ging es um drei Dinge: Erstens die Bevölkerung auf Belastungen und Steuererhöhungen einzustimmen, zweitens gegenüber der sich ökologisch gebenden konservativen Partei die Meinungsführerschaft in Sachen Klima zu erobern (man befand sich im Vorwahlkampf) und drittens die USA unter moralischen Druck zu setzen, doch noch ein Klimaabkommen nach europäischem Geschmack zu unterzeichnen.

»Das Desaster wird sich nicht in einer Science-Fiction-Zukunft zutragen«, sagte Tony Blair. Er stand zusammen mit Sir Nicholas Stern auf der Bühne und nannte das 616-seitige Werk »den wichtigsten Bericht über die Zukunft der Erde«. Es war der gleiche Tony Blair, der einige Jahre zuvor einen dramatischen Bericht über Massenvernich-tungswaffen im Irak vorgestellt hatte, die ebenfalls die Welt bedrohten. Doch während die Medienvertreter damals ein gehöriges Maß an Skepsis entwickelten, fraßen sie Tony Blair die Klimakatastrophen-Botschaft aus der Hand. Der Stern-Report gilt seitdem als so etwas wie eine ökonomische Klimabibel.

Inzwischen hat eine ganze Reihe anderer Ökonomen diese Bibel heftig kritisiert. Einer der Hauptvorwürfe: Stern habe gezielt äußerst spekulative naturwissenschaftliche Worst-Case-Szenarien als Grundlage für seine ökonomi-schen Hochrechnungen herausgepickt. Die Briten nennen diese Methode »Cherrypicking« (»Kirschenpflücken«). Ne-gative Folgen des Klimawandels seien überdies groß- und positive Folgen kleingerechnet worden. Spekulative ökono-mische Szenarien werden auf spekulative Krisenszenarien getürmt. Der Stern-Report lässt ganze Landstriche verdör-ren, Küsten werden überflutet, Millionenheere von Klima-flüchtlingen sind obdachlos, zahllose Tierarten sterben aus, die sich ausbreitende Malaria kostet Millionen neue

Opfer. Jeder einzelne dieser Punkte ist Gegenstand heftiger Debatten, doch Nicholas Stern nimmt die Spekulationen als Tatsache. Der Umwelt-Ökonom Richard Toll bezeichnet den Report als »alarmistisch und inkompetent«, sein Kollege Robert Mendelson von der Yale-Universität fürchtet, Stern könne sich in seinen Zukunftsberechnungen um »Billionen von Euro« geirrt haben. William Nordhaus, ein Doyen des Fachgebietes, entdeckte einige seiner eigenen Berechnungen in Sterns Arbeit. Zu seiner Verwunderung wurden sie als abgesicherte Fakten genommen, obwohl Nordhaus sie ausdrücklich als »besonders unzuverlässig« bezeichnet hatte.

Wie zweifelhaft solche vorgeblich exakten ökonomischen Vorhersagen sind, verrät im Grunde schon einfaches Nachdenken. Um die Kosten des Klimawandels berechnen zu können, müsste man ja die Zukunft mit und ohne Klimawandel kennen. Man kennt aber weder die eine noch die andere. Selbst wenn das Klima absolut konstant bliebe, was es niemals tut, könnte kein Mensch sagen, wie die Welt und die menschliche Gesellschaft in 100 oder 200 Jahren aussieht, ob Krieg oder Katastrophen die Menschheit erschüttern, ob Fortschritt oder Rückschritt eintritt. Weltwirtschaftskrisen hat die Politik bislang ja auch ganz gut ohne Klimawandel hingekriegt. Es ist also vollkommen unmöglich, eine »Normalzukunft« zu beschreiben, die man einer »Klimawandelzukunft« gegenüberstellen könnte, die ja ebenfalls nicht vorhersagbar ist. In der Praxis werden sich die Menschen den Gegebenheiten anpassen (müssen), wie sie es auch in der Vergangenheit immer getan haben. Niemand wartet 100 Jahre seelenruhig ab, bis ihm der Meeresspiegel bis zum Hals steht.

Eine kritische Auseinandersetzung mit der Stern-Studie fand praktisch nur in Fachkreisen statt. Dem Nimbus des Stern-Reports als unabhängige und über jeden Zweifel erhabene ökonomische Bilanzierung des Klimawandels hat all die Kritik jedoch nicht geschadet. Sie wird einfach nicht zur Kenntnis genommen. So behauptet der deutsche Umweltminister Sigmar Gabriel in einem Interview mit der »Frankfurter Allgemeinen Sonntagszeitung«: »Im Stern-Report ist nachgewiesen, dass Klimaschutz bis zu einem Prozent des weltweiten Sozialproduktes kostet. Der Verzicht auf Klimaschutz kann aber bis zu 20 Prozent kosten.« Diese Aussage ist bedauerlicherweise nicht haltbar: Im Stern-Report wird nämlich gar nichts nachgewiesen. So ähnlich verhält sich das auch mit den alten Prognosen des Club of Rome über die »Grenzen des Wachstums«, die längst widerlegt, aber unausrottbar populär sind. Mythen sind eben hartnäckig.

Das trifft auch für eine angeblich geheime Klimastudie des Pentagon zu, die 2004 große Schlagzeilen machte. »Pentagon warnt vor Weltuntergang«, schrieb die »Bild«. »Den Weltuntergang, ausgelöst durch eine Klimakatastrophe, beschreibt eine bisher geheim gehaltene Studie des US-Verteidigungsministeriums. Der Report sollte geheim bleiben, weil er die Umweltpolitik von US-Präsident George Bush anprangert.« Das Klima werde als »Menschheitskiller« beschrieben und die »düstere Prophezeihung« laute: »Einige Länder würden sich nur mithilfe von Nuklearwaffen Nahrung, Wasser und Energiereserven sichern.« Der britische »Observer« behauptete, das Papier sei ihm »zugespielt worden«, und auch die »Leipziger Volkszeitung« schrieb in einem Kommentar, das Dossier sei »kassiert worden«, denn niemand in der amerikanischen Administration habe offene Ohren dafür, »dass von einer fiebernden Erde langfristig mehr Gefahren ausgehen könnten als von finsteren Mächten.«

Das Erstaunliche an diesen Geschichten ist, dass so gut wie nichts daran stimmt. Der angeblich geheime Bericht konnte bereits zum Zeitpunkt seiner »Enthüllung« mühelos im Internet heruntergeladen werden. Sein Titel: »An Aprupt Climate Change Scenario and its implications for United States National Security«. Er wurde auch nicht vom amerikanischen Verteidigungsministerium angefertigt, sondern von diesem bei zwei freien Autoren in Auftrag gegeben. Und dieser Auftrag lautete, man möge doch bitte einmal die absolut dramatischsten Klimaszenarien zusammenschreiben und ausmalen. Die Autoren Peter Schwartz und Doug Randall sind keine Wissenschaftler, sondern Profis im Ausdenken von Planspielen und Zukunftsentwürfen. Schwartz schrieb auch das Drehbuch zu dem Film »War Games«, in dem ein Jugendlicher den Computercode der amerikanischen Atomraketen knackt und fast den dritten Weltkrieg auslöst. Die beiden kreativen Köpfe machten, was man ihnen aufgetragen hatte, und fertigten ein apokalyptisches Schreckensbild. Dazu gehörte beispielsweise das Ausbleiben des Golfstromes und in der Folge eine Eiszeit in Europa. Von der Wissenschaft war dieses Szenario schon längst zu den Akten gelegt worden, aber darauf kam es gar nicht an.

Das vermeintliche »Pentagon-Dossier« war weder geheim noch von irgendwem »kassiert« worden. Es war weder vom Pentagon geschrieben noch musste es wissenschaftlichen Kriterien genügen. Es handelte sich schlicht und einfach um ein Planspiel, wie sie vom Verteidigungsministerium zu Hunderten in Auftrag gegeben werden. Seine Medien-Karriere verdankt es ausschließlich der Tatsache, dass es so schön in die Erwartungshaltung der betreffenden Journalisten passte. Und deshalb wird diese angebliche Pentagon-Klimastudie auch weiterhin bei allen möglichen Gelegenheiten auftauchen wie das Ungeheuer von Loch Ness. Der Publizist und Umweltaktivist Franz Alt schrieb Anfang 2007: »Die Wetterextreme sind deutliche Vorboten der bevorstehenden Klimakatastrophe... Selbst das US-Pentagon sieht darin das größte Sicherheitsproblem des 21. Jahrhunderts.«

Der australische Farmer Peter Allen bekommt eine Million australische Dollar dafür, dass er absolut nichts tut. Seine Farm liegt 650 Kilometer nördlich von Brisbane, und das Land ist mit Bäumen bewachsen. Jetzt hat Peter Allen versprochen, 35 Quadratkilometer seines Besitzes in den nächsten 120 Jahren nicht abzuholzen. Die multinationale Bergbaugesellschaft Rio Tinto bezahlt ihm dafür die Millionensumme. Sie kauft damit zugleich das Kohlendioxid, das in der Vegetation gespeichert ist und nicht in die Atmosphäre gelangt. Dafür darf sie das Gas an anderer Stelle ausstoßen und dies als »klimaneutral« bezeichnen.

Der Handel mit »Emissionsrechten« ist der neue Renner auf dem Finanzmarkt. Im Gefolge des Kioto-Protokolls etabliert sich ein sogenannter »Luftverschmutzungsmarkt« (obwohl es nicht um Luftverschmutzung, sondern um Treibhausgase geht). Im Windschatten bewegt sich dabei ein Handelssegment, in dem private Firmen freiwillige Zertifikate anbieten, die sie nach eigenem Gutdünken kreieren. Hinter dem Handel steht die Idee, den Ausstoß von Kohlendioxid möglichst effizient zu begrenzen. Um ein limitiertes Gesamtvolumen an Abgasen nicht zu überschreiten, werden Emissionsrechte anteilig an Kraftwerke, Industriezweige oder bestimmte Firmen verteilt. Wer danach mehr CO_2 ausstößt als er darf, muss Rechte zukaufen. Wer unter seinem Limit liegt, kann die überschüssigen Gutscheine verkaufen, also beispielsweise jemand, der seine Abgase wegen eines tollen technischen Tricks billig verringern kann. So soll der Handel Kohlendioxid dort einsparen, wo es am wenigsten kostet. So weit die Theorie.

Die Praxis ist nicht ganz so rosig. Auch wenn immer wieder von Marktmechanismen die Rede ist, handelt es sich zunächst einmal um eine zwangsweise staatliche Rationierungsmaßnahme, genau wie die Praxis der Lebensmittelmarken, mit denen ja auch gehandelt wurde. »In einem grünen Kapitalismus international konstruierter ökologischer Zwangsmärkte steht die Ökologie der Ökonomie nicht mehr im Wege«, meint der britische Regierungsökonom Sir Nicholas Stern. Die Realität sieht leider anders aus. So wie der Verschmutzungsmarkt gehandhabt wird, ist er oft eine Einladung zu Buchhaltertricks und Luftgeschäften. Da wäre zunächst einmal die große Unsicherheit darüber, wie viel Kohlendioxid jemand tatsächlich ausstößt. Bei der Zementindustrie liegt die Fehlermarge der Angaben bei zehn Prozent, bei Öl-, Gas- und Kohleindustrie beträgt sie 60 Prozent, bei landwirtschaftlichen Verfahren bis zu hundert Prozent. Die Angaben darüber, wie viel Kohlendioxid der Passagier eines Fluges von Boston nach Frankfurt anteilig verantwortet, schwanken je nach Quelle zwischen 1,5 und über 4 Tonnen. Vollends zweifelhaft wird das ganze Verfahren, weil diese Mengen auch mit vermeintlichen Kohlendioxid-Senken, also beispielsweise Wäldern, verrechnet werden dürfen.

Und wie problematisch das ist, zeigt das Beispiel des australischen Farmers. Niemand weiß natürlich, ob er seine Wälder überhaupt abholzen wollte. Vor allem aber weiß niemand, wie viel Kohlendioxid die Bäume wie lange speichern. Möglicherweise wird die Kohlendioxid-Bilanz im Lauf der Zeit sogar negativ. Auch Methan, ein noch viel wirksameres Treibhausgas, kann von Bäumen freigesetzt werden. »Kohlendioxidgutschriften sind eine virtuelle Ware, die geschaffen wird, indem man das, wovon man hofft, dass es geschehen wird, abzieht von dem, was man annimmt, dass es geschehen wäre«, schreibt das britische »Ethical Consumer Magazine«.

Nüchtern betrachtet wird in erster Linie Geld umverteilt. Den australischen Farmer freut es, den Emissionsmakler freut es – und der Bergwerkkonzern gibt die Kosten an seine Kunden weiter. Nur das Klima kriegt von seiner Rettung nichts mit. Es ist auch im Rahmen des Kioto-Protokolls nicht klar definiert, was als Kohlendioxid-Senke wie angerechnet werden darf. So werden Flächen von mindestens 500 Hektar, die lediglich zu zehn Prozent vom Kronendach von Bäumen bedeckt sind, bereits als Wälder anerkannt. Die Aufkäufer für Kohlendioxid-Ausgleichsflächen sind längst unterwegs – von der argentinischen Pampa bis in die afrikanische Savanne. Eigentlich hätte man gewarnt sein können. Beispielsweise durch die Brüsseler EU-Bürokratie, die zur Eindämmung der Milchschwemme seinerzeit die Milchquoten erfanden. Dies führte zu so schönen Berufsbildern wie »Sofamelker«. Früher hatten diese Bauern Kühe im Stall, dann taten sie gar nichts mehr und lebten dabei prima. Sie verkauften oder verpachteten die von Brüssel zugeteilte Milchquote. Es gab Hunderttausende von Sofamelkern in Europa. Farmer Peter Allen ist einer der ersten Klimamelker.

Die weltweit größte Messe dieser Branche findet jedes Jahr in Köln statt: Die »Carbon-Expo«. Wegen des riesigen Erfolges kriegt die Emissionshandelsmesse auch einen Ableger in Asien. 2006 herrscht Goldgräberstimmung und die Finanzmanager wuseln über die Flure. Sie tragen bunte Bändchen, auf denen Bezeichnungen wie »Climate Change

Capital« stehen. Von Morgan Stanley über Trinkhaus & Burkhardt bis Société Générale investieren alle großen Bankhäuser massiv in dieses Megageschäft. Zur Eröffnung spricht erst Robert T. Watson, ein bewährter wissenschaftlicher Multifunktionär. Er ist Umweltdirektor bei der Weltbank und war zuvor Vorsitzender des UN-Klimarates IPCC. Dann kommt der Umweltdirektor der europäischen Kommission dran. Er hebt das segensreiche Tun der anwesenden Finanzmakler hervor, indem er in Weltuntergangsszenarien schwelgt. Ganz so, als habe er Roland Emmerichs Katastrophenstreifen »The Day After Tomorrow« einmal zu viel gesehen.

Anwälte, Banken und Unternehmensberatungen profitieren von der neuen Handelssparte, aber auch die Bürokratie blüht sichtlich auf: In Deutschland gibt es inzwischen eine amtliche Emissionshandelsstelle (DHST). Die wacht über das »Treibhausgas-Emissionshandelsgesetz« (TEHG), das »Zuteilungsgesetz« (TUHG) sowie das »Projektmechanismengesetz« (ProMechG).

In der ersten Phase des Handels wurden die Anteile in abgeschotteten Zirkeln aus Politik, Behörden und Wirtschaft ausgehandelt. Ein erstaunliches Verfahren, wenn man bedenkt, dass dabei Papiere im Wert von vielen Milliarden kostenlos verteilt wurden. Die großen deutschen Energieversorger kalkulierten danach die geschenkten Zertifikate – buchhalterisch richtig – mit ihrem seinerzeit theoretischen Kaufwert in die Strompreiskalkulation ein, so als ob sie dafür bezahlt hätten. Das brachte ihnen vier bis sechs Milliarden Euro ein, ohne dass sie dafür auch nur einen Finger krümmen mussten (in ganz Europa fielen den Konzernen rund 20 Milliarden dieser »Windfall-Profits« in

den Schoß). Bezahlt hat dafür der Bürger mit der Strom-
rechnung. Darüber hinaus wurde im Zuge dieser Aktion
kein einziges Gramm Kohlendioxid eingespart, ganz einfach deshalb nicht, weil die Konzerne sich mehr Zertifikate
gesichert hatten, als sie tatsächlich brauchten (deshalb
sollen sie in Zukunft möglichst versteigert werden). Kum-
panei zwischen staatsnahen Großkonzernen und Politikern
ging in der Vergangenheit immer auf Kosten der kleinen
Betriebe und der Bevölkerung – und so wird es wohl auch
diesmal sein. Große Firmen lieben den Klimawandel, denn
sie werden mit Restriktionen und Bürokratie zurechtkom-
men, ihre kleinen Mitbewerber nicht. In den ersten beiden
Jahren des Emissionshandels stiegen die Strompreise fast
überall in Europa an. Der Kohlendioxidausstoß sank jedoch
nicht – im Gegenteil: Er stieg ebenfalls um ein bis zwei
Prozent an.

Ein solcher Markt kann auch nur dann halbwegs
funktionieren, wenn die Vergabe der Rechte transparent
ist und alle Teilnehmer den gleichen Regeln unterliegen.
Doch jedes teilnehmende Land verfährt mehr oder weniger nach eigener Fasson. Für Außenstehende sind die
Emissionsdaten der einzelnen Länder windelweich und
völlig undurchsichtig. Die Dresdner Bank hat sich gerade
mit Gasprom zusammengetan, um Emissionsrechte im
geschätzten Umfang von 15 Milliarden Euro zu »generie-
ren«. Der russische Staat und die herrschenden Oligarchen
sind in dieser Hinsicht sehr kreativ. Das Land hat unlängst
seine als Referenzwert für das Kioto-Protokoll verbindli-
chen Kohlendioxid-Emissionen von 1990 angemeldet (Ziel
des Protokolls ist es, bis 2012 im Durchschnitt etwa fünf
Prozent gegenüber 1990 einzusparen). Doch der russische

Ausstoß im Schwellenjahr fiel – Simsalabim – um etwa eine halbe Milliarde Tonnen höher aus als ursprünglich avisiert (laut der Beratungsgesellschaft Carbonpoint). Das bedeutet zusätzliche Emissionsrechte in Höhe des gesamten Jahresausstoßes der deutschen Industrie.

Der sogenannte »Mechanismus der sauberen Entwicklung« (Clean Development Mechanism) macht die Sache nicht einfacher. Dahinter steckt zunächst mal eine gute Idee. Ein wachsendes Unternehmen, das in Deutschland mehr Kohlendioxid produziert, soll dieses woanders einsparen – und zugleich Entwicklungsländern helfen können, beispielsweise durch Anpflanzung einer Plantage in Afrika oder Modernisierung eines Kraftwerkes in China.

Doch wie alle Ideen, die abends in fröhlicher Runde mit Freunden geboren werden, sollte sie den Kater am nächsten Tag überstehen. Die erste Frage wurde bereits erwähnt: Welche Art Wald absorbiert wann, wo, wie viel und wie lange Kohlendioxid? Und die zweite Frage ist auch nicht leichter zu beantworten: Wie unterscheidet man eine Plantage, die ohnehin angepflanzt werden sollte, von einer, die aus Klimaschutzgründen sprießt? Das Gleiche gilt für Verbesserungen an technischen Anlagen. Waren sie ohnehin fällig oder ist es tatsächlich ein originärer Beitrag zum Klimaschutz? »Auch mein Heimatland Südafrika hofft, aus dem Klimawandel kurzfristigen Profit zu schlagen«, berichtet der bekannte südafrikanische Schriftsteller Zakes Mda, »Berater und Experten in Sachen Emissionshandel kreisen bereits wie Geier über dem Land und spähen nach umweltfreundlichen Komponenten in bereits existierenden Projekten, die sich dann als Emissionsgutschriften nach Europa verschachern lassen.«

Bei manchen dieser vorgeblichen Klimaschutzprojekte kommen dann obendrein der Umweltschutz und die Gesundheit der Menschen unter die Räder. So müssen sich die Bewohner eines Armenviertels in Durban mit einer Giftmülldeponie arrangieren, die seit Jahren für Krankheiten verantwortlich gemacht wird. Nun darf sie nicht geschlossen werden, weil das Methangas daraus abgeleitet und in »grüne« Energie umgewandelt werden soll – was sich wiederum als Emissionsgutschrift verkaufen lässt. In Uganda, Tansania und Malawi pachtete ein norwegisches Unternehmen billig große Flächen, um schnellwachsende Eukalyptus-Plantagen anzupflanzen, die Bewohner mehrerer Dörfer mussten dafür ihr Land verlassen. In Südamerika und Asien sind Palmöl-Plantagen heute schon Hauptgrund für die Vernichtung ursprünglichen Regenwalds. Hier deutet sich ein großes Streitthema der nächsten Jahre an: Der Klimaschutz gerät mehr und mehr in Konflikt mit dem Umweltschutz.

Weil europäische Länder wie Spanien ihre Kioto-Verpflichtungen nicht einhalten können, kaufen sie in großem Stil Emissionsrechte in China oder Indien. Dort haben Unternehmen ein kreatives neues Geschäftsmodell erfunden. Bei ihrer Kältemittelproduktion entsteht als Abfallprodukt Fluoroform (HFC-23), das 11 700-mal treibhauswirksamer als Kohlendioxid ist. Die Substanz kann technisch relativ einfach aufgefangen und verbrannt werden. Die notwendigen Investitionen aller Hersteller dafür schätzt man auf insgesamt 100 Millionen Euro. Im Rahmen des Emissionshandels erwirtschaften die Unternehmen für die einfache technische Umstellung jedoch beinahe fünf Milliarden Euro. Deshalb steigern sie ihre Produktion sogar, um beim

Verbrennen des Abfallstoffes möglichst viele Emissionsgutschriften zu produzieren. Dieses Verfahren kommt einer Gelddruckmaschine bedenklich nahe. Außerdem hat die höhere Produktion auch mehr Umweltverschmutzung und Kohlendioxid-Emissionen (!) zur Folge. Die europäischen Chemiearbeiter müssen so mit ansehen, wie mit ihren Steuergeldern die schmutzigere und billigere Konkurrenz in China subventioniert wird. So endet gut gemeinter Klimaschutz in Absurdistan.

Doch dies ist womöglich erst der Anfang. Denn eine neue Wortschöpfung macht Karriere: Der ökologische Fußabdruck. Der ist umso größer, je mehr Ressourcen ein Land pro Kopf seiner Bewohner verbraucht. Wenn man beispielsweise den Energiekonsum betrachtet, haben die Amerikaner die größten Füße, Europäer und Japaner liegen im Mittelfeld. Die kleinsten Füße haben die Bewohner der Entwicklungsländer. Doch das soll sich jetzt ändern: Künftig, so wird gefordert, sollen alle Menschen auf der Welt gleich große Füße haben. Da der Energieverbrauch eng mit dem Ausstoß von Kohlendioxid zusammenhängt, verlangt beispielsweise Lutz Wicke, der ehemalige Präsident des Umweltbundesamtes: »Das demokratische ›One man- one vote‹-Prinzip wird auf den Klimaschutz übertragen. Das bedeutet zunächst fünf Tonnen Kohlendioxid pro Kopf der Weltbevölkerung. Mit diesem Verteilungsschlüssel erhalten die bevölkerungsreichen Entwicklungsländer Überschuss-Zertifikate, die sie verkaufen können.«

Das klingt bestechend einfach und äußerst gerecht. Doch drängen sich rasch Fragen auf: Menschen in kalten Ländern müssen heizen und haben deshalb einen viel höheren Energieverbrauch als die Bewohner warmer Regionen. Darf man

Sibirien und die Südsee einfach gleichsetzen? Außerdem: Haben die Menschen in einem armen Land demokratischen Zugang zu Wohlstand und Ressourcen oder profitiert nur eine kleine Oberschicht? Denn jeder hinzukommende Mensch am Existenzminimum verbessert rein rechnerisch die Kohlenstoffbilanz eines Landes. Das ist dann wohl doch nicht im Sinne des Erfinders. Deshalb schlägt die Stunde der Bürokraten. Die belohnen heute schon demokratische Verhältnisse mit Pluspunkten, beispielsweise anhand der »Anzahl gewählter Volksvertreter pro eine Million Bürger«. Doch wie rechnet man Demokratie in Kohlendioxid um?

Welche Auswüchse die Sache manchmal treibt, mag ein Aufsatz verdeutlichen, den die Wissenschaftszeitschrift »Climatic Change« veröffentlichte. Darin geht es um die »externen Treibhaus-Kosten« eines Neugeborenen. Jedes Baby, so die Forscher, werde Treibhausgase produzieren und damit zum Klimawandel und in der Folge zur Schädigung der Gesellschaft beitragen. Für Industrieländer taxieren sie den Schaden (!) eines neuen Erdenbürgers auf 28 200 Dollar, in einem Entwicklungsland auf 4400 Dollar. Sollten also nur noch Kinder unterhalb der Armutsgrenze geboren werden?

Die Waren- und Energieströme einer globalisierten Welt entziehen sich einfachen Aufrechnungen. Die Ressourcen, die da in den reichen Nationen verbraucht und verfeuert werden, sind ja oft Rohstoffe, auf deren Export die Entwicklungsländer dringend angewiesen sind. Selbst Bananen werden nicht zu uns gezaubert, sondern kommen mit Schiff und LKW. Verzichten die Europäer zugunsten des Apfels, bleiben die Produzenten in Südamerika oder Afrika auf ihren Bananen sitzen. Umgekehrt mag ein europäischer Pharmaforscher mit seiner Arbeit einen großen ökologischen Fußabdruck hinterlassen, das Ergebnis – etwa ein neues Medikament – kommt aber Menschen in aller Welt zugute.

Auch das Ende des Ferntourismus wäre für viele arme Länder eine Katastrophe. Die afrikanischen Nationalparks beispielsweise verdanken ihre Existenz dem Ferntourismus. Fallen die Einnahmen daraus weg, werden Wilderei und landwirtschaftliche Nutzung in diesen Gebieten sofort wieder zunehmen. Genau wie die vagabundierenden Kapitalströme gibt es auch immer mehr vagabundierende Energie, die sich nicht so ohne Weiteres einem Land zuordnen lässt. Das beste Beispiel ist der Flugverkehr. Nach dem Konzept des ökologischen Fußabdruckes schädigt ein indischer Geschäftsmann, der nach Deutschland fliegt, die Umwelt erheblich weniger, als ein deutscher Geschäftsmann, der nach Indien fliegt.

Mehr und mehr wird der Kohlendioxidausstoß zur absoluten moralischen Leitgröße gemacht, der sich alle anderen gesellschaftlichen Ziele unterzuordnen haben. Schon wird ernsthaft in Erwägung gezogen, auch Privatpersonen ihr persönliches Kohlendioxid-Kontingent zuzuteilen – das wäre dann wirklich Lebensmittelmarken vergleichbar. In Großbritannien hat die Politik bereits Entwürfe für persönliche »Carbon-Cards« in der Schublade, die jeder Bürger wie eine Geld- oder Kreditkarte etwa beim Tanken oder beim Buchen eines Fluges vorzeigen muss.

Dann hätte der Staat die totale Kontrolle über das Leben des einzelnen Bürgers. Dabei würden – wie immer – alle gleich und ein paar noch gleicher sein. Bekommt ein Kind genauso viele Emissionsrechte wie ein Erwachsener? Ist ein

Flug privat oder im Dienste der Allgemeinheit? Darf ein Landarzt mehr Auto fahren als ein Handelsvertreter? Sicher dürfte nur eins sein: Politiker und Bürokraten haben freie Fahrt. So kündigt die Europäische Union bereits Ausnahmen von einer geplanten Kohlendioxid-Abgabe auf Flüge an, »die ausschließlich zur Beförderung von in offizieller Mission befindlichen regierenden Monarchen und ihren unmittelbaren Familienangehörigen sowie Staatschefs, Regierungschefs und von zur Regierung gehörenden Ministern durchgeführt werden«.

Sollen Reisen, Einkaufen und Wohnen demnächst nur noch unter Klimavorbehalt stehen? Der britische Supermarkt-Gigant Tesco hat in vorauseilendem Gehorsam angekündigt, keine Lebensmittel mehr aus weit entfernten Ländern zu importieren, was für Farmer in Kenia oder Bauern in Peru den Ruin bedeuten kann. Auch in Deutschland werden von den Medien schon mal »Klimakommissare« losgeschickt, auf dass sie nach »Klimasünden« fahnden. Beispielsweise in einem Supermarkt in Sachsen: Eine Familie erwirbt dort preiswerte Lebensmittel für vierzig Euro. Doch sie freuen sich zu früh über den günstigen Einkauf. Denn da kommt die Klimakommissarin und kontrolliert ihren Wagen. Spargel, Rindfleisch und Milch gefährden das Weltklima, belehrt sie die verdatterte Familie. »Was gleich ins Auge sticht, ist der Spargel«, erläutert ein Gutachter, »der ist aus Peru, der ist mit dem Flugzeug gekommen.« Das fahrlässige Einkaufsverhalten entspricht einer CO_2-Emission von 37 Kilo, was die Klimakommissarin mit einem Stapel aus 37 Tüten Mehl deutlich macht. Dennoch kommen die Missetäter noch mal ungeschoren davon, denn es sind ja keine echten Polizisten, die den Einkaufswagen kontrollieren, sondern nur Mitarbeiter der Sendung »exakt« des Mitteldeutschen Rundfunks. Die Klimakontrolle ist nur eine pädagogische Fernsehfiktion – und hoffentlich bleibt sie es auch.

Es ist erstaunlich, wie bereitwillig viele Zeitgenossen solche Nachstellungen zulassen. Von der »Bild« bis zur »Frankfurter Allgemeinen Sonntagszeitung« müssen Prominente Rechenschaft über ihr Privatleben ablegen: »Klima-Katastrophe! Unser Planet stirbt, weil wir Menschen leben, ohne an morgen zu denken« – unter diesen Zeilen präsentierte die »Bild«-Zeitung »50 Promis im Ökotest«. Von Angela Merkel bis Ralf Schumacher schalten alle brav die Fernbedienung aus, trennen den Müll und haben eine Spartaste am Klo. »Wenn ich den Raum verlasse, mache ich immer das Licht aus«, sagt Regisseur Dieter Wedel. Aus der Reihe fällt nur der Kabarettist Bruno Jonas (in der »Frankfurter Allgemeinen Sonntagszeitung«): »Wenn ich alles zusammennehme, was ich die letzten Monate über den Klimawandel erfahren habe, so weiß ich, dass alles, was wir auf dieser Welt treiben, schadet. Also ist auch von Verzicht aus ökologischen Gründen abzuraten, denn Verzicht könnte ja auch schaden.« Der Mann weiß wahrscheinlich gar nicht, wie recht er hat – siehe den Kauf von Lebensmitteln aus Entwicklungsländern.

Grünen-Chefin Claudia Roth verrät: »Durch den Kauf von »Atmosfair«-Anteilen gleiche ich meine Flugemissionen aus.« »Atmosfair« berechnet für einen Flug von Berlin nach Bonn 150 Kilogramm Kohlendioxid und verlangt dafür etwa acht Euro. Und die gehen dann – nach Abzug der Gebühren und Verwaltungskosten – zu jemand am andern Ende der Welt, der das Kohlendioxid für Claudia Roth einspart (zumindest theoretisch). Der deutsche Umweltminister will sein gesamtes Ministerium durch Zahlung von etwa 100 000 Euro von der Klimasünde befreien. Hoffentlich funktioniert das besser als die Kohlendioxid-Befreiung des G-8-Gipfels von Gleneagles im Jahre 2005. Jeder Teilnehmer erhielt eine Urkunde, in der ihm bescheinigt wurde, dass seine Emissionen in Südafrika eingespart würden – und zwar durch Solarzellen und besser isolierte Dächer in einer Vorstadt von Kapstadt. Doch zwei Jahre später ist dort absolut noch nichts passiert.

»Solche Ablasshändler, die den mobilen Menschen ›klimaneutral‹ machen und ihm damit die ökologische Absolution erteilen, findet man immer häufiger«, schreibt die »Frankfurter Allgemeine Zeitung«. Angeblich war die Fußballweltmeisterschaft 2006 durch solche Ausgleichszahlungen vollkommen klimaneutral. Die evangelische Kirche spricht von einem »Null-Emissions-Kirchentag«. Auch das »World Economic Forum« in Davos hat sich von der Klimasünde freigekauft. Moderne Zeiten: Privatjets brauchen plötzlich keinen Sprit mehr, Tagungshotels keine Heizung, Skilifte keinen Strom (wer mit diesen Erscheinungen physikalische oder logische Probleme hat, ist nicht auf der Höhe der Zeit).

Auch der britische Thronfolger Prinz Charles befolgte diese Maxime, als er mit einer zwanzigköpfigen Delegation nach New York flog, um dort den »Global Environmental Citizen Award« entgegenzunehmen. Überreicht wurde ihm die Auszeichnung vom Ex-US-Vizepräsidenten und Klimaschützer Al Gore. Der wiederum verbraucht in seinem Privathaus ungefähr zwanzigmal so viel Energie wie ein durchschnittlicher US-Haushalt. Und deshalb kauft er Verschmutzungsrechte, um, wie ein Sprecher sagte, »seinen ökologischen Fußabdruck auf null zu bringen«. Sie stammen von der Firma »Generation Investment Management«. Al Gore ist Mitbegründer und Vorsitzender dieses Unternehmens. Vielleicht ist das ja die Zukunft: Ablasshandel mit sich selbst.

DIE REGENMACHER

Der sowjetische Ministerrat verkündete 1950 den »großen Stalinplan zur Umgestaltung der Natur«. Die ostsibirischen Ströme Irtysch, Ob und Jenissei sollten umgeleitet, Wüsten fruchtbar gemacht und das Klima in Sibirien gemildert werden. Die Sowjets waren ganz wild auf höhere Temperaturen und das Lebenselixier Wasser. Deshalb reiften in den Köpfen der Planer noch fantastischere Projekte: Holzkohlenstaub, so wurde diskutiert, sollte die Eiskappen des Nordpols gezielt abschmelzen.

50 Jahre später ist es wieder so weit – allerdings unter umgekehrten Vorzeichen. Der Mensch fürchtet – diesmal in einer Art negativem Machbarkeitswahn –, sein irdisches Tun werde die Pole dahinschmelzen lassen wie ein Magnum-Eis in der Sonne. Das Kohlendioxid könnte den alten sowjetischen Traum doch noch wahr machen – unfreiwillig. Pjotr Chomjakow, Geograf vom Moskauer Institut für Systemanalyse, will darin deshalb auch keine Katastrophe sehen: »Der Norden wird aufblühen und vermögend werden.« Zusammen mit weiteren russischen Klimaforschern hat er eine Studie veröffentlicht und leitet daraus Forderungen ab. »Wenn wir mithelfen sollen, die globale Erwärmung zu verhindern«, sagt Chomjakow, »müssen wir auch entschädigt werden für die wirtschaftlichen Vorteile, die uns dadurch entgehen.« Auch Wladimir Putin meint: »Wir hätten nichts dagegen, wenn es etwas wärmer würde.«

Der paradoxe Streit offenbart vor allem eines: Der Unterschied zwischen Klimamachern und Klimaschützern verschwimmt zusehends. Sie werden sich in einem gewissen Machbarkeitsglauben immer ähnlicher. Die vernünftige

Idee, die Umwelt zu schonen und Ressourcen und Energie zu sparen, genügt ihnen nicht mehr. Unter dem Dach der Vereinten Nationen, aber auch in den einzelnen Ländern entstehen regelrechte Klimaregulierungsbehörden. Sie glauben, wie weiland die sowjetischen Klimamacher, Ströme umleiten und den Planeten nach einem großen Plan bewirtschaften zu können. Nur, dass es sich diesmal um die gigantischen Stoffströme zwischen Biosphäre und Atmosphäre handelt. Doch der Mensch ist nur mit rund drei Prozent an der globalen Kohlendioxid-Emission beteiligt, den Rest besorgen Ozeane, Böden und Vegetation. Nach groben Schätzungen einiger Wissenschaftler liegt der Homo sapiens damit sogar hinter den Termiten.

Das internationale Forschungsinstitut für Systemanalyse in Laxenburg (Iiasa) bei Wien ist beispielsweise bei dem Versuch gescheitert, eine seriöse Kohlenstoffbilanz der Biosphäre Russlands aufzustellen. Die Unsicherheiten seien einfach zu groß. »Unter Einbeziehung der Kohlenstoff-Senken ist das Protokoll von Kioto unkontrollierbar und undurchführbar.« (Dennoch wurden Russland für seine Unterschrift großzügige Gutschriften für die angebliche Kohlendioxid-Aufnahme seiner Wälder zugestanden).

Die Forschung sieht sich außerstande, seriös anzugeben, welchen Beitrag Ozeane, Flüsse, Wälder, Felder, Böden oder Luft im Einzelnen leisten, ganz zu schweigen von den Austauschvorgängen, die unter wechselnden Bedingungen stattfinden. Kein Mensch hat auch vernünftige Daten darüber, ob und wie viel Kohlenstoff natürliche Speicher (»Senken«) tatsächlich aufnehmen. Der renommierte Physiker und Mathematiker Freeman Dyson hat sich – lange bevor der Klimawandel zum Thema der Politik wurde – mit solchen

Forschungen beschäftigt. »Solange wir die Vegetation nicht verstanden haben, können wir auch die Atmosphäre nicht verstehen«, sagt er. Die Vegetation enthalte nun einmal viel mehr Kohlendioxid als die Atmosphäre. »Es hängt alles an der Frage: Wie viel Kohlendioxid wird aufgenommen und wie viel freigesetzt?« Doch während die Forschungsmilliarden in die Computermodelle flossen, blieb für die Feldforschung kaum Geld übrig. Aber das sei paradox: »Die Klimamodelle machen keine belastbaren Aussagen, solange sie nicht mit vernünftigen Beobachtungsdaten gefüttert werden können.«

Laut Dyson gibt es inzwischen raffinierte neue Messmethoden, um den Kohlendioxid-Austausch zu beobachten: »Sie legen so eine Art Decke über ein Stück Vegetation und können fast sekundengenau messen, wie viel rein- und rausgeht.« Bei einer Messung in Massachusetts wurde sehr viel mehr Kohlendioxid aufgenommen als erwartet, in Brasilien war die Bilanz relativ neutral, in Kanada wurde mehr Kohlendioxid freigesetzt als absorbiert. »Wir brauchen weltweit ein Programm mit Hunderten solcher Messungen, um wissenschaftlich überhaupt weiterzukommen«, erklärt Dyson. Mithilfe der Vegetation könne der Mensch den Kohlendioxidgehalt der Atmosphäre womöglich effektiver niedrig halten als durch die Verringerung von Emissionen. Um planetare Kohlendioxidströme aber tatsächlich gezielt beeinflussen zu können, müsse man sie erst einmal verstanden haben.

Inzwischen machen aber auch viel radikalere Vorschläge die Runde. In einem Beitrag für das Magazin »Nature« verkündete Professor Hans Joachim Schellnhuber seine Vorstellungen von einem »Re-Design« des Globus mittels

»Geo-Engineering«. Dem Klimaberater der Bundeskanzlerin schwebt eine »organischere« Verteilung von Arbeit vor, die gleichzeitig die Ungleichheit auf der Welt beheben könne: Nahrungsmittelanbau sollte vor allem in den gemäßigten Zonen konzentriert werden, erneuerbare Energiegewinnung und Hightech in den Subtropen, Artenvielfalt und Tourismus in den Tropen. Doch damit nicht genug: »Wir könnten über eine proaktive Kontrolle der natürlichen Klimavariabilität nachdenken«, meint er weiter und hält es für denkbar, künftigen Eiszeiten durch die Injektion von »Designer-Treibhausgasen« zu entgegnen.

Ganz neu sind solche Ideen nicht. Nur versuchte man bislang das Wetter und nicht das Klima zu steuern. Stürme besänftigen, Hagel stoppen, Wolken melken – seit Jahrhunderten versucht der Mensch das Geschehen in der Atmosphäre zu beeinflussen. So hat in Russland am 1. Mai die Sonne zu scheinen, genau wie eine Woche später bei der Militärparade anlässlich des Sieges über Deutschland. Wetterflugzeuge steigen deshalb auf, um Wolken zu »impfen«. Qin Dahe, Chef der chinesischen Staatsbehörde für Meteorologie, kündigte bereits an, dass die Olympischen Spiele in Peking 2008 bei strahlendem Sonnenschein stattfinden werden. »Solche Versprechen kann niemand halten«, sagt Stephan Borrmann, Wolkenphysiker an der Mainzer Universität. Die komplexen Wechselwirkungen sind einfach zu groß. Und auch die Praxis spricht dagegen: Die alte Sowjetführung und auch Präsident Putin standen an ihren hohen Feiertagen jedenfalls immer mal wieder im Regen.

Paul Crutzen, Nobelpreisträger für Chemie und Entdecker des Ozonlochs, hat für unser Zeitalter den Begriff »Anthropozän« gebildet. Auch er sieht den Menschen als beherrschenden Gestalter des planetaren Geschehens. Crutzen kann sich vorstellen, das Klima notfalls zu reparieren. Beispielsweise könnte man dem Flugzeugbenzin weltweit Schwefel beimischen. Das dadurch massenweise in die Atmosphäre gelangende Schwefeldioxid ist dafür bekannt, die Atmosphäre abzukühlen (man weiß das beispielsweise durch Vulkanausbrüche). Es ist allerdings auch als Schadstoff bekannt, der für das Waldsterben und den sauren Regen verantwortlich gemacht wurde.

Andere Wissenschaftler wollen im All so eine Art Sonnenschirm installieren. Dort, wo sich die Anziehungskraft der Erde und der Sonne aufheben, soll eine gigantische Wolke aus transparenten Plastikscheiben ausgeschüttet werden. Experimente, das Algenwachstum der Weltmeere durch die Düngung mit Eisen anzukurbeln, sind bereits im Gang. Algen sind dafür bekannt, Kohlendioxid zu absorbieren. Nach dem Absterben nehmen sie es mit hinab zum Meeresgrund. Doch in der Praxis sieht das mitunter ganz anders aus. Bei Tests zog die verstärkte Algenblüte eine sprunghafte Vermehrung von algenfressenden Organismen nach sich. So gelangt das Kohlendioxid in die Nahrungskette und wird von den Meerestieren wieder ausgeatmet.

Dies erinnert an einen Vorfall in Frankreich, der den Glauben an die Steuerung der Natur durch den Menschen auf amüsante Weise infrage stellt. Vor einem noblen Gästehaus des französischen Außenministeriums lag einst ein idyllischer Teich. Leider war er seit langem ausgetrocknet. Im Jahr 2000 beschlossen die Beamten, das Malheur zu beseitigen und das Gewässer wiederherzustellen. Doch kaum war das Wasser eingefüllt, wucherten hässliche Algen und störten die geplante Idylle. Deshalb ließen die

Beamten Fische aussetzen, um die Algen zu fressen. Doch auch diese Rechnung ging nicht auf: Anstatt zu fressen, wurden die Fische gefressen. Und zwar von ungebetenen Graureihern aus der Umgebung. Nun stehen Graureiher unter Naturschutz. Deshalb sollten Füchse sie dezimieren, weil sie das Gesetz ja nicht lesen können. Doch statt der Fischreiher schnappten sich die Füchse die hübschen Zierenten. Dank gesicherter Mahlzeiten vermehrten sich die Füchse ebenso wie die Fischreiher prächtig und machten nun auch die Gärten und Teiche der Nachbarn unsicher. »Ein schreckliches ökologisch administratives Drama«, wertete die Tageszeitung »Figaro« das planwirtschaftliche Desaster. Bevor der zuständige Stadtrat zu einer Sondersitzung antreten konnte, muss einem Fuchs im Außenministerium eine Eingebung gekommen sein: Die Wasserversorgung des Teichs hatte plötzlich einen mysteriösen Defekt. Es zeigte auch niemand Interesse daran, sie zu reparieren. Das Katastrophengewässer trocknete wieder aus. Die Natur ist eine ziemlich dynamische Angelegenheit und zeigt keinerlei Bereitschaft, sich von Politikern und Bürokraten managen zu lassen. Was Letztere nicht daran hindert, es immer wieder zu versuchen.

Die wohlhabende Gemeinde Ottobrunn ist stolz auf ihren dritten Platz im bundesweiten Wettbewerb »Bundeshauptstadt im Klimaschutz«. Das Gymnasium hat einen guten Ruf und etwa 1500 Schüler. Die Schule besitzt sogar ein offizielles Leitbild. Darin heißt es unter anderem: »Die Zukunft erfordert von uns allen Veränderungsbereitschaft sowie Offenheit für neue Entwicklungen im gesellschaftlichen und technischen Bereich.« Die Ottobrunner Gymnasiasten sollen zu kritisch denkenden, toleranten, weltoffenen und neugierigen Persönlichkeiten erzogen werden.

An einem sonnigen Dezembervormittag versammeln sich die Abiturklassen im Musiksaal. Doch das Klavier in der Ecke bleibt an diesem Tag ungenutzt. Stattdessen sind die Aktivisten von »Germanwatch« zu Gast, die sich laut Eigenwerbung für eine »soziale und ökologische Gestaltung der Globalisierung« einsetzen. Nach Ottobrunn sind sie gekommen, um während der regulären Unterrichtszeit ihre Satellitenbildschau »Klimaexpedition« vorzuführen. Das tun sie beinahe jeden Tag an einer anderen deutschen Schule, Zehntausende von Schülern sind bereits von den Aktivisten unterwiesen worden. In Ottobrunn sind außerdem zwei Mitarbeiter des Versicherungskonzerns Münchner Rück dabei, dessen Stiftung die »Klimaexpedition« finanziell unterstützt.

Martin, der Expeditionsleiter, sieht tatsächlich so aus, wie man sich einen Umweltschützer der ersten Stunde vorstellt. Er trägt Vollbart, ein Holzfällerhemd und Wollweste. »Germanwatch wuselt so auf der politischen Ebene rum«, klärt Martin die Abiturienten über die Träger der Klimaexpedition auf, »und die Münchner Rückversicherung sind die Leutchen, die das hier heute gegenfinanzieren.« Und dann kommt Martin gleich zur Sache: »Klimawandel, ich sag das mal vorweg, wird uns so viel kosten wie der Erste und Zweite Weltkrieg zusammen.«

Die Schüler lauschen höflich und diszipliniert, Martin kann gut erklären, spricht über die Entstehung von Satellitenbildern und Zusammenhänge in der Atmosphäre. Auf dem Programm steht unter anderem der Blick aus dem All ins Auge eines Hurrikans oder auf den austrocknenden Tschad-See. Als Menetekel für die kommende Klimaentwicklung bleiben die Bilder im Raum stehen, eine Diskussion über die Frage, ob diese Phänomene überhaupt mit der globalen Erwärmung in Zusammenhang gebracht werden können, findet nicht statt (schuld am Schicksal des Tschad-Sees beispielsweise ist in erster Linie die Ableitung von immer mehr Wasser für die Landwirtschaft an seinen Zuflüssen).

Und es gibt noch eine zweite Ebene des Vortrages. Bilder vom nächtlichen Globus zeigen die Lichtermeere der Klimasünder, während die armen Länder in Dunkelheit liegen. Geradezu vorbildlich dunkel ist Nordkorea. Es geht dabei augenscheinlich nicht um die Erziehung kritisch denkender Menschen, sondern darum, den 17-Jährigen ihre Mitschuld am Klimafrevel klarzumachen. Im Subtext spult der Mann von der »Klimaexpedition« ein ideologisches Programm ab, das die westliche Industriegesellschaft, den Individualismus und den Wohlstand der Menschen als Ursache allen Übels verortet.

Martin wettert gegen billige Milch beim Discounter und geißelt den Besuch bei »McDoofnalds«. Er fordert mehr Geld für Biobauern, warnt vor der Gentechnik und natürlich den Amerikanern. Die beiden anwesenden »Leutchen« von der Münchner Rückversicherung fordert er auf, den Amis endlich die Prämien zu erhöhen. Die Versicherungsvertreter klopfen sich vor Vergnügen auf die Schenkel. Anstatt um Satellitenbilder geht es plötzlich um eine bestimmte Weltsicht, eine ziemlich enge obendrein. Werden so tolerante, weltoffene und neugierige Persönlichkeiten herangebildet?

Es ist erstaunlich, was vielerorts an Schulen zum Bildungskanon gezählt wird. Ein weiteres Beispiel ist der Klimafilm »Eine unbequeme Wahrheit« des ehemaligen amerikanischen Vizepräsidenten Al Gore. Gore stellt in seinem Film Übertreibungen, Weglassungen und Manipulationen in den Dienst seiner für gut befundenen Sache. So wird insinuiert, Grönland könne in kurzer Zeit abschmelzen oder ein abgeschwächter Golfstrom könne aus Europa eine Art Sibirien machen. Beide Szenarien werden vom aktuellen Weltklimabericht für die absehbare Zukunft praktisch ausgeschlossen.

Zehntausende Hamburger Schüler wurden bislang in diesen Film genötigt. Bezahlt wurde die Aktion von Hamburgs Oberbürgermeister und einem Unternehmer. Auch der deutsche Umweltminister kaufte 6000 DVDs, die seitdem kostenlos an Schulen verteilt werden. »Es ist unverantwortlich, Steuergelder auszugeben, um junge Menschen in Untergangsstimmung zu versetzen«, schrieb einer der wenigen kritischen Kommentatoren. Er tat dies in der Magdeburger »Volksstimme« – in Deutschlands Osten erinnert sich mancher eben noch an die DDR-Indoktrination.

Die Aktion Menschheitsrettung muss einfach »rein in die Birne« wie Martin von der Klimaexpedition das zu sagen pflegte. Und dies funktioniert am besten mit ständiger Wiederholung, moralischer Aufladung und Schuldzuweisung: den Elementen der klassischen Propaganda eben. So etwas dient sicherlich nicht der Erziehung zu eigenständigem Denken. Es wird jungen Menschen ein Notstand eingebläut, der weder Verzug noch Widerspruch duldet. Über die Gefahr als solche darf nicht mehr diskutiert werden, lediglich darüber, mit welchen Mitteln sie denn am besten abzuwenden sei. Die Hamburger Schülerin Tine verspricht einer Lokalreporterin nach dem Besuch des Gore-Films »öfter mal Fahrrad zu fahren«, bei der Mülltrennung »gewissenhafter vorzugehen« und das Ladegerät des Handys immer schön aus der Steckdose zu ziehen.

Wer da nicht mitmacht, hat das falsche Bewusstsein – wie einstmals jene, die am wissenschaftlichen Sozialismus Zweifel anmeldeten. Anstatt Fragen zu stellen, sollen die Kinder den angeblichen Rettern des Planeten bedingungslos vertrauen (da waren wir schon mal weiter). Motto: Andere denken für dich – und das ist besser so. Selbst die Kleinsten im Vorschulalter werden bereits eingestimmt, beispielsweise von der Firma Kosmos mit der Experimentier-Anleitung »Klimakollaps von Professor Eins-Os«.

Auch die kindliche Freude an Tieren wird in den Dienst gesellschaftlicher Wunschvorstellungen gestellt. In der Zeitschrift des Kölner Zoos wird vom »Polar Bear Project« berichtet, das Schülern die »verantwortungsvolle Gestaltung der Welt im Sinne der Agenda 21« nahebringen und die »Entwicklung einer Sensibilität in Klimaschutzfragen« befördern soll. »Aktuelle Diskussionen und Prognosen im Alltagsgeschehen lösen für den Moment Betroffenheit aus, führen aber nicht zu langfristig verändertem Verhalten«, wird dort berichtet. »Erst die Verknüpfung mit einem konkreten Fallbeispiel erleichtert den Zugang.« Und da kommt der Eisbär ins Spiel: »Der Eisbär und sein Lebensraum eignen sich hervorragend in jeder Altersstufe für eine Thematisierung im Unterricht.« Dokumentiert ist der Lernerfolg mit einer apokalyptischen Kinderzeichnung, die rauchende Schlote, einen einsamen Eisbären auf einer Scholle und ein steigendes Thermometer zeigt.

Statt Persönlichkeiten mit Skepsis und Widerspruchsgeist sollen offenbar nachhaltige Untertanen herangezogen werden, die sich den Normen des jeweils herrschenden Zeitgeistes willig unterwerfen. Und das nicht nur in der Schule. Einen vorläufigen Höhepunkt dieser Entwicklung markierte der Auftritt der zwölfjährigen Carla, die in den ARD-Tagesthemen einen Kommentar zum Klimawandel sprechen durfte. »Die Augen weit aufgerissen, ratterte Carla alle Phrasen runter, mit denen sie gefüttert worden war, von ›Ich habe Angst‹ bis ›Eine andere Erde habe ich nicht‹«, schreibt dazu der Publizist Henryk M. Broder, »es war ein klarer Fall von Gehirnwäsche und Kindesmissbrauch.« Und die ehemalige DDR-Bürgerrechtlerin Vera Lengsfeld resümierte: »Wichtiger als der Schutz des Klimas ist der Schutz unserer Kinder vor einer demagogischen Vereinnahmung durch ideologisierte Erwachsene.«

Die Missionierung von Kindern ist eingebettet in eine tiefere gesellschaftliche Strömung. Seit die Kirchen sich leeren, sucht sich das offenbar konstante Bedürfnis der Menschen nach Seelenheil andere Wege. Die neue Frömmigkeit irrlichtert irgendwo umher zwischen dem Dalai Lama und der Waldorfschule, Greenpeace und PETA. In den gebildeten Schichten breiten sich neue religiöse Strömungen aus: Anthroposophie, Buddhismus und Esoterik in allerlei Spielarten. Die stärkste und am weitesten verbreitete Strömung lehnt es jedoch strikt ab, Glauben genannt zu werden: der Ökologismus. Stattdessen tritt er oft als Wissenschaft getarnt auf. Das ewige Leben findet in unablässigen Recycling-Schleifen seine Entsprechung, und die Buße erfolgt in Form des Dosenpfandes. An die Stelle des Jüngsten Gerichts tritt die Klimakatastrophe, und statt Kirchtürmen ragen Windräder gen Himmel.

Ökologismus schafft sich seine neuen Priester und ist zutiefst autoritätsgläubig. Die Vorstellungswelt des Ökologismus rankt sich wie im Christentum um die Erwartung einer Endzeit, auf die man sich durch Verzicht und Buße vorbereiten soll. Das Natürliche ist rein, unverdorben, heilig. Das vom Menschen Gemachte ist sündhaft, schmutzig, verderbt. Der Klimawandel wird in dieser Denkensart erst dann zum Risiko, wenn er vom Menschen verursacht ist.

Die überlieferten religiösen Muster erfahren Bedeutungsverschiebungen, bleiben jedoch in ihrer Symbolkraft bestehen. Die Natur ist gut, der Mensch ist schlecht. Und wenn der Mensch nicht gehorcht, droht ihm »die Rache der Natur«. Die erzürnte Naturgöttin verlangt Beschwichtigungsrituale, unendlich oft wiederholte kleine Opfer. In diese Kategorie fallen Dinge wie die Deaktivierung der Stand-by-Schaltung oder das getrennte Sammeln von Joghurtbechern. In der Tradition der Bußprediger rufen Kommentatoren zur Abkehr von lasterhaftem Verhalten auf und wecken Schuldgefühle. Ihre Lebensstil-Maßregeln erinnern an die rigide katholische Sexualmoral früherer Zeiten. Alles, was Spaß macht, ist verboten.

Auf dem evangelischen Kirchentag 2007 sangen Zehntausende wieder und wieder: »Bewahre die Erde vor dem Klimakollaps.« Den Chor dazu liefern die Medien, die nunmehr seit mehr als drei Jahrzehnten einen bevorstehenden Weltuntergang ankündigen. In den frühen siebziger Jahren wurde er auf die Jahrtausendwende terminiert: Im Jahr 2000 sollten alle Ressourcen verbraucht, alle Bäume gestorben und nahezu die gesamte Flora und Fauna ausgerottet sein – das galt damals als zweifelsfrei sicher. Keine der düsteren Prophezeiungen traf ein – doch der Chor wurde immer lauter und schriller. »Wir leben im Zeitalter des Strafgerichts«, schreibt der Zukunftsforscher Matthias Horx. »Nur ist es diesmal nicht der Erzengel Hesekiel, der uns mit dem Flammenschwert aus dem Paradies ausweist (diesmal dem industriellen Paradies). Sondern die Medien und Klimapropheten. Nie war es so schlimm wie heute. Ihr müsst opfern!«

Die Medien, sagt der Schriftsteller Michael Crichton, seien wie der Typ in der Fußgängerzone mit dem Schild »Das Ende der Welt ist nah«. Verstreiche das Datum folgenlos, werfe der sein Plakat ja auch nicht weg: »Er geht nach Hause und malt ein neues mit einem neuen Datum und rennt damit wieder auf der Straße.« Erlösung verspricht einzig der »ökologische Kreislauf«, der die individuelle Vergänglichkeit in den ewigen Zirkel der Natur transzendiert. Dabei wird kein Forscher heute mehr ernsthaft behaupten, es gäbe in der Natur einen Gleichgewichtszustand. Dennoch gehört das Motiv des »natürlichen Gleichgewichts« oder der »Balance« zum festen Repertoire des Ökologismus. Die Aufforderung: »Wir sollen unseren Kindern die Erde überlassen, wie wir sie vorgefunden haben« bringt das sehr schön zum Ausdruck. Der Mensch hat die Erde unwiderruflich verändert, spätestens seit er sesshaft wurde und die Landwirtschaft erfand. Alles fließt und niemand kann zweimal in denselben Fluss steigen. Die Erde ist ein dynamischer Planet und kennt keinen Status quo.

Die radikalsten Ökologisten imaginieren sogar einen paradiesischen Zustand ohne Menschen. Sie empfinden unsere Art nur noch als »Krebsgeschwür der Erde«. Zum ersten Mal richtet sich ein Glaube oder eine Ideologie damit gegen den Menschen selbst. Das Wissens-Magazin der »Süddeutschen Zeitung« macht sich so etwas nicht zu eigen, aber dennoch empfindet man leichtes Unbehagen, wenn in einem Artikel über eine »Welt ohne Menschen« sinniert wird. »Was wäre, würde die Menschheit plötzlich verschwinden? Könnte sich der Planet erholen? Wie lange bleiben unsere Spuren sichtbar? Ein erstaunliches Gedankenexperiment.«

Die zehn Gebote des Öko-Glaubens

Das erste Gebot:

Du sollst dich fürchten! Das furchtbarste Szenario ist das wahrscheinlichste. Wenn es einmal gut ging, so kommt es beim nächsten Mal umso schlimmer.

Das zweite Gebot:

Du sollst ein schlechtes Gewissen haben! Wer lebt, schadet der Umwelt – allein schon durch seine Existenz.

Das dritte Gebot:

Du sollst nicht zweifeln! Die Ökobewegung irrt nie. Wer daran zweifelt, dient den Ungläubigen.

Das vierte Gebot:

Die Natur ist unser gütiger Gott! Sie besteht aus Pandabären, Robbenbabys, Sonnenuntergängen und Blumen. Erdbeben, Wirbelstürme und Killerviren sind Folgen menschlicher Hybris.

Das fünfte Gebot:

Du sollst deine Gattung verachten! Der Mensch ist das Krebsgeschwür des Globus. Vor seinem Auftauchen war der Planet eine friedliche Idylle.

Das sechste Gebot:

Du sollst die Freiheit des Marktes verabscheuen! Der Planet kann nur durch zentrale Planung internationaler Großbürokratien gerettet werden.

Das siebte Gebot:

Du sollst nicht konsumieren! Was immer du auch kaufst, benutzt oder verbrauchst: Es schadet der Umwelt. Die Zuteilung von Gütern sollte den weisen Priestern des Ökologismus übertragen werden.

Das achte Gebot:

Du sollst nicht an ein besseres Morgen glauben! Verhindere Veränderungen und Fortschritte, denn früher war alles besser.

Das neunte Gebot:

Du sollst die Technik gering schätzen! Abhilfe kann allenfalls durch fundamentale gesellschaftliche Umsteuerungsprozesse kommen, niemals durch die Erfindung technikgläubiger Ingenieure.

Das zehnte Gebot:

Wisse, die Schuld ist weiß, männlich, christlich und westlich! Die Unschuld ist eine Urwaldindianerin.

Das kleine Klimalexikon

Was ist »Klimawandel«?
Klimawandel ist der Normallfall. Das Klima hat sich verändert, solange die Welt existiert, und wird dies auch weiterhin tun. Schon vor dem Erscheinen des Menschen gab es wärmere und kältere Zeiten als heute, mitunter auch abrupte Temperaturschwankungen um mehrere Grad innerhalb weniger Jahre.

Was bedeutet »globale Erwärmung«?
Unter »globaler Erwärmung« wird im Allgemeinen eine vom Menschen verursachte Erwärmung verstanden. Sie wird in erster Linie auf Kohlendioxid zurückgeführt. Es wird durch die Verbrennung fossiler Rohstoffe schneller ausgestoßen, als es die Natur absorbieren kann, und häuft sich in der Atmosphäre an. Die meisten Wissenschaftler gehen davon aus, dass zumindest bei der Erwärmung der vergangenen 30 Jahre der Einfluss des Menschen überwiegt.

Was ist unter »Klimakatastrophe« zu verstehen?
Klimakatastrophe ist ein von Medien und Umweltaktivisten geprägter Begriff. Er wird meist im Kampf um politische Ziele bemüht. Praktisch alle Naturkatastrophen werden dabei auf den Treibhauseffekt zurückgeführt, auch wenn es für einen solchen Zusammenhang keine wissenschaftlichen Belege gibt. Wetterextreme werden als repräsentativ für die Zukunft dargestellt und mit Bildern von Stürmen,

Fluten, versinkenden Städten und Inseln emotionalisiert. Archetypisch für diese Weltsicht ist der Hollywoodfilm »The Day After Tomorrow«, in dem New York unter einer eisigen Flutwelle gefriert. Die Endzeitprognosen basieren auf Spekulationen, beispielsweise dem vollständigen Abschmelzen der Pole oder dem Ausbleiben des Golfstromes. Solche Entwicklungen sind für die absehbare Zeit extrem unwahrscheinlich.

Was ist Klima?
Klima ist die Statistik des Wetters. Der Begriff bezieht sich auf einen längeren zeitlichen Mittelwert von Einflussgrößen wie Temperatur oder Niederschlag. Während jedermann das tägliche Wetter spüren und empfinden kann, handelt es sich beim Begriff Klima um ein Hilfsmittel, das der Wissenschaft die Beschreibung von langfristigen Veränderungen ermöglichen soll. Die »Globaltemperatur« beispielsweise ist ein statistisches Artefakt und herrscht nirgendwo tatsächlich. Das lässt sich mit dem globalen Durchschnittseinkommen vergleichen, das ja auch niemand wirklich bezieht. Und doch sind beide Größen für die Wissenschaft hilfreich, um grundsätzliche Entwicklungen auf dem Planeten darzustellen.

Für die Beschreibung des Klimas werden Temperaturen, Niederschläge, Luftfeuchtigkeit, Sturmhäufigkeit und dergleichen über einen Zeitraum von mindestens 30 Jahren gemittelt. Die meisten Klimabetrachtungen erstrecken sich aber über Jahrhunderte, Jahrtausende oder noch längere Zeiträume. Aus Abweichungen vom langfristigen Mittel lesen Klimaforscher Trends ab, etwa den Übergang von einer Warmzeit in eine Kaltzeit, wie in den letzten tausend Jahren zwischen dem warmen Mittelalter und der folgenden »kleinen Eiszeit«.

Was ist Konsens unter den Wissenschaftlern?

Es herrscht Einigkeit darüber, dass der Mensch das Klima beeinflusst. Das hat er bereits in der Vergangenheit getan. Eine Weltbevölkerung von über 6,6 Milliarden Menschen tut es noch mehr. Lokale Veränderungen wie Entwaldung, Landwirtschaft, Überweidung, Bewässerung und wachsende Großstädte tragen dazu genauso bei wie großräumig wirkende Emissionen durch die Verbrennung fossiler Rohstoffe oder die Haltung von Nutztieren. All dies kann direkte oder indirekte Auswirkungen auf das Klima haben. Einigkeit herrscht auch darüber, dass eine erhöhte Konzentration von Treibhausgasen tendenziell zu einer stärkeren Erwärmung der Atmosphäre führt. Alles andere ist umstritten. Keine Einigkeit herrscht insbesondere darüber, inwieweit der zusätzlich vom Menschen verursachte Treibhauseffekt durch andere künstliche oder natürliche Einflüsse verstärkt, abgeschwächt oder überlagert wird. Dies ist einer der Gründe, warum es eine so große Bandbreite der Prognosen für eine künftige Temperaturentwicklung gibt.

Wie hoch ist die Globaltemperatur?

Es gibt nicht nur eine Globaltemperatur, sondern viele verschiedene – je nachdem, wer sie mit welchen Methoden ermittelt. Am häufigsten werden die Angaben der britischen Climate Research Unit (CRU) und des Goddard Institute for Space Studies (GISS) der Nasa zitiert. In der Regel werden keine absoluten Zahlen für die Globaltemperatur genannt, sondern nur die Abweichungen gegenüber einem 30-jährigen Mittelwert. Die Climate Research Unit beispielsweise zieht dafür den Zeitraum von 1961 bis 1990 heran. Dessen langfristiges Mittel lag bei 14,0 Grad. 2005 wich davon um

0,48 Grad nach oben ab, dies ergibt 14,48 Grad. 2006 lag nach vorläufigen Berechnungen etwas darunter bei 14,42 Grad.

Wie wird die Globaltemperatur ermittelt?
Um den Globus herum stehen einige Tausend Messstellen an Land und auf Schiffen zur Verfügung. Jede Station errechnet aus mehreren Messungen über 24 Stunden eine durchschnittliche Tagestemperatur, aus der dann über 365 Tage die Jahresmitteltemperatur generiert wird. Die Werte von Nord- und Südhalbkugel, auf dem Land und auf dem Meer, werden zusammengenommen und wiederum gemittelt. Heraus kommt die Globaltemperatur.

In Wahrheit ist es noch komplizierter, denn zahlreiche Probleme sind zu bewältigen: Messungen auf den Ozeanen sind bei weitem nicht so dicht gesät wie an Land und meist nicht an einem festen Ort. Auch an Land konzentrieren sich die Messstellen in gut zugänglichen Gegenden, in der Sahara, der Antarktis oder dem Tropenwald gibt es nur wenige Stationen. Mit dem Ende des Kalten Krieges wurden vor allem in der Sowjetunion viele militärische Messstationen geschlossen, was die heutigen Angaben aus dieser Region nur noch bedingt vergleichbar macht. Ehemals in ländlichen Regionen installierte Thermometer wurden von städtischer Bebauung eingeholt. Städte bilden die temperaturverfälschenden »Hitzeinseln«, die man herauszurechnen versucht. Seit einiger Zeit gibt es auch Messungen, die nicht in Bodennähe, sondern von Satelliten und Wetterballonen in den unteren Luftschichten vorgenommen werden. Beide zeigen im Schnitt der vergangenen Jahrzehnte eine geringere Erwärmung als die traditionellen Messverfahren.

Wie ungewöhnlich ist unser gegenwärtiges Klima?

Würde man die gegenwärtigen Temperaturen mit Phasen der mittelalterlichen Warmzeit (»mittelalterliches Optimum«) vergleichen, ergäbe sich kein merkbarer Unterschied. Wie bei allen statistischen Betrachtungen hängt die Aussage sehr stark von den Zeitabschnitten ab, die man für einen Vergleich auswählt. Unser heutiges Klima wird am häufigsten in Beziehung zu den vergangenen 150 Jahren gesetzt, auch weil es erst seitdem einigermaßen zuverlässige und fortlaufende Wetter- und Temperaturmessungen gibt. Viele Temperaturkurven fangen mit dem Beginn der regelmäßigen Aufzeichnungen um 1860 an. Dieser Termin fällt mit dem Ende der »kleinen Eiszeit« und somit einem Temperatur-Minimum zusammen. Ein Teil der Erwärmung seitdem ist der Erholung von dieser Kaltzeit geschuldet. Man beginnt also mit einem Extremwert.

Wird die Erwärmung immer dramatischer?

Ein Blick auf den Temperaturverlauf der vergangenen 100 Jahre zeigt bis etwa 1940 einen ähnlich raschen Anstieg wie heute, obwohl die Treibhausgase dabei noch keine große Rolle gespielt haben können. Danach kühlte es ab (weshalb eine neue Eiszeit befürchtet wurde). Seit den siebziger Jahren des vorigen Jahrhunderts nimmt die Temperatur um knapp 0,2 Grad pro Jahrzehnt zu. Der beobachtete globale Erwärmungstrend der vergangenen Dekaden verläuft bis dato ziemlich gleichmäßig und linear – und nicht exponentiell. Er bewegt sich damit seit drei Jahrzehnten im unteren Bereich der von Klimamodellen für die Zukunft prognostizierten Werte. Als wärmstes Jahr gilt 1998, in dem die zyklische Meereserwärmung

El Niño in besonders starker Ausprägung auftrat. Bis einschließlich 2006 wurde der Rekordwert nicht mehr übertroffen.

Wie global ist die globale Erwärmung?
Die globale Erwärmung ist erstaunlich regional. Schon die getrennte Betrachtung von Nord- und Südhalbkugel offenbart das. So entfallen etwa drei Viertel der Erwärmung der vergangenen 30 Jahre auf die nördliche Hemisphäre. Die Südhalbkugel, die zum überwiegenden Teil von Meeren bedeckt ist, zeigt nur sehr moderat steigende Temperaturen. Eine Analyse der Erwärmungsmuster auf der Nordhalbkugel ergab, dass über zwei Drittel der Erwärmung der vergangenen 50 Jahre im Winter stattgefunden haben. Und beinahe 80 Prozent dieses winterlichen Temperaturanstiegs konzentrieren sich auf die kältesten Gebiete von Sibirien und Nordamerika, wo die Temperaturen in der Polarnacht 40 Grad und mehr unter dem Gefrierpunkt liegen (es ist dann nicht mehr ganz so kalt). Auf die winterliche Erwärmung dieser Gebiete – und damit auf nur einen kleinen Bruchteil der Fläche der Nordhalbkugel – entfällt etwa die Hälfte der gesamten Erwärmung.

Das Phänomen lässt sich mit einem einfachen Beispiel verdeutlichen: Man stelle sich ein Haus vor, bei dem es im Keller minus 20 Grad kalt ist und unter dem Dachboden plus 20 Grad warm. Als Durchschnittstemperatur ergäbe sich null Grad. Wenn es nun im Keller nur noch zehn Grad minus hat, dann ergibt sich daraus eine durchschnittliche Erwärmung des Hauses um fünf Grad. Was nichts daran ändert, dass im Keller immer noch Dauerfrost herrscht.

Auch in unseren Breiten haben mildere und kürzere Winter sowie weniger kühle Sommernächte einen größeren Anteil an der Erwärmung als etwaige Hitzerekorde. Es ist vor allem weniger kalt.

Ist der Treibhauseffekt vom Menschen verursacht?
Der Treibhauseffekt ist zunächst einmal ein natürliches Phänomen. Zusammen mit dem Wasserdampf und anderen Spurengasen sorgt das Kohlendioxid für lebensfreundliche Temperaturen auf dem Planeten. Die Hülle der verschiedenen Gase bewirkt, dass ein Großteil der von unserem Planeten ausgehenden Wärmestrahlung reflektiert wird. Grob vereinfacht ist das wie eine Nebelwand, durch die man nachts mit dem Auto fährt. Der Nebel verschluckt das Scheinwerferlicht und fängt an zu leuchten, sodass ein Teil auf den Fahrer zurückgeworfen wird.

Ohne den Treibhauseffekt würde der Planet nicht 15 Grad warm, sondern minus 18 Grad kalt sein. Er erwärmt die Erde also um etwa 33 Grad. Tatsächlich ist die Sache noch komplizierter: »Würde der natürliche Treibhauseffekt ungedämpft wirken«, sagt der Nasa-Klimaforscher Roy Spencer, »so wäre die Erde rund 55 Grad heiß.« Die Natur hat in Form von Verdunstung und Wetterprozessen offenbar ein Kühlsystem installiert, das aber kaum verstanden ist.

Bei der Klimadiskussion ist im Gegensatz zum natürlichen der »anthropogene« Treibhauseffekt gemeint, also eine Verstärkung des Phänomens durch den Menschen. Eine Verdoppelung des Kohlendioxidanteils gegenüber der vorindustriellen Zeit würde den natürlichen Treibhauseffekt um etwa 2,5 Prozent verstärken. Wie groß die

Temperatursteigerungen sind, zu denen es im Klimasystem aufgrund von zusätzlichen Rückkoppelungseffekten tatsächlich kommen wird, ist jedoch unsicher.

Die Funktion des Kohlendioxids ist logarithmisch. Wollte man seine zusätzliche Wirkung noch einmal verdoppeln, müsste man die CO_2-Konzentration bereits vervierfachen, dann verachtfachen und so weiter. Es strebt also einem Sättigungspunkt entgegen, an dem neu in der Atmosphäre hinzukommende Moleküle praktisch keine zusätzliche Wirkung mehr haben. Genau wie bei einem Treibhaus, bei dem es nichts mehr bringt, noch dickere Scheiben zu installieren.

Ist Kohlendioxid das wichtigste Treibhausgas?
Mindestens zwei Drittel des natürlichen Treibhauseffektes gehen auf das Konto von Wasserdampf. Kohlendioxid und (in geringerem Ausmaß) Gase wie bodennahes Ozon oder Methan teilen sich lediglich den Rest. Es ist auch weniger die – unstrittige, aber relativ geringe – Treibhauswirkung des Kohlendioxids selbst als vielmehr die Vermutung eines erheblichen Verstärkungseffektes durch Wasserdampf, auf dem das gängige wissenschaftliche Gebäude aufbaut.

Für den Fall einer Verdoppelung der Kohlendioxidkonzentration ergäbe sich eine direkte zusätzliche Treibhauswirkung von nicht einmal einem Grad. Wie kommen dann Prognosen zustande, die für diesen Fall einen Temperaturanstieg um mehrere Grad voraussagen? Dem liegt folgende Hypothese zugrunde: Die ursprüngliche leichte Erwärmung lässt mehr Wasser verdunsten und der zusätzliche Wasserdampf lässt die Temperaturen dann noch mehr steigen. Die Wissenschaftler nennen dies eine »positive Rückkoppelung«.

Theoretisch-physikalisch ist dieser Prozess klar. Was aber tatsächlich im komplexen Geschehen der Atmosphäre abläuft, ist unklar. Und in diesem entscheidenden Punkt liegt auch die Achillesferse aller gängigen Klimamodelle und Prognosen. Das Verhalten des Wasserdampfes und die Wolkenbildung sind nämlich kaum verstanden und können auch nicht im Rechner simuliert werden. Verschiedene Wolken in verschiedenen Höhen können wärmende Wirkung (positive Rückkoppelung), aber auch kühlende Wirkung (negative Rückkoppelung) haben. Ihre kühlende Wirkung hat jeder schon einmal erlebt, wenn sich im Sommer eine Wolke vor die Sonne schiebt. Was bei den teilweise gegenläufigen Temperatureffekten unter dem Strich herauskommt, ist schwer zu sagen. Wie groß die Unsicherheit ist, zeigen die Temperatur-Hochrechnungen für den Fall einer Verdoppelung des Kohlendioxids: Sie schwanken um den Faktor drei.

Ist die Verantwortung von Kohlendioxid für die Erwärmung bewiesen?

Für eine dominierende Rolle des Kohlendioxids im aktuellen Klimageschehen gibt es keinen direkten Beweis, sondern nur eine indirekte Herleitung: Man glaubt alle anderen Ursachen für die in den vergangenen 30 Jahren beobachtete Erderwärmung ausschließen zu können. CO_2 bleibt derzeit nach Meinung der meisten Klimaforscher als einziger Tatverdächtiger übrig.

Richtig ist: Die Kohlendioxidkonzentration ist seit der vorindustriellen Zeit um etwa ein Drittel angestiegen, von etwa 0,029 Prozent auf heute 0,038 Prozent. Richtig ist auch, dass die Temperatur im gleichen Zeitraum um etwa

0,7 Grad angestiegen ist. Der Zusammenhang beider Entwicklungen ist aber nicht sehr deutlich. Das Kohlendioxid stieg langsam und stetig an. Man sollte also meinen, dass die Temperaturen in diesem Zeitraum ebenfalls kontinuierlich zugenommen hätten. Das ist aber nicht der Fall. Erst wurde es wärmer, dann wieder kälter, dann stiegen die Temperaturen wieder an. Die meisten Klimaforscher halten Kohlendioxid als Hauptfaktor für die Erwärmung der vergangenen 30 Jahre dennoch für erwiesen.

Dem widerspricht eine Reihe Astrophysiker und Geowissenschaftler, die glauben, dass zwei Drittel der Temperaturschwankungen mit der kosmischen Strahlung erklärbar sind. Sie könnte somit der Hauptmotor für Erwärmung und Abkühlung sein. Die kosmische Strahlung muss man sich wie einen unsichtbaren Sandsturm vorstellen. Sie stammt von explodierenden Sternen in der Galaxie und enthält winzige Partikel, die beim Auftreffen auf die Erdatmosphäre Kondensationskerne und in der Folge Wolken bilden. Eine Änderung der Wolkenbedeckung um nur wenige Prozent hat enorme Auswirkungen auf das Erdklima. Forscher aus 18 Instituten und neun Ländern haben sich inzwischen zu einem Großprojekt »Cloud« (Wolke) zusammengetan, um unter anderem mit einem Experiment am europäischen Kernforschungszentrum CERN in Genf zu überprüfen, ob und wie der diskutierte Erklärungsansatz für den Einfluss der Sonnenaktivität auf unser Klima funktioniert.

Das ändert nichts an einem durch Kohlendioxid intensivierten Treibhauseffekt – es könnte sich aber herausstellen, dass er in seiner Wirkung überschätzt wird. Möglicherweise treffen beide Hypothesen zu und die Wahrheit liegt irgendwo dazwischen. Prinzipiell ist es wenig plausibel, dass die natürlichen Einflüsse, die für die rasche Erwärmung in der ersten Hälfte des vergangenen Jahrhunderts eingeräumt werden, plötzlich aufgehört haben sollten zu existieren. Das letzte Wort in dieser Hinsicht ist nicht gesprochen.

Kann das Klima aus dem Ruder laufen?
Einige Wissenschaftler befürchten, das Klima könne durch eine sich selbst verstärkende Kettenreaktion einen »Tipping«-Point erreichen und gleichsam umkippen. Das Szenario lautet wie folgt: Mehr Kohlendioxid verursacht höhere Temperaturen, die produzieren mehr Wasserdampf und damit noch mehr Wärme, woraufhin wiederum mehr natürliches Kohlendioxid und andere Treibhausgase aus Meeren und Böden aufsteigen, was wiederum die Temperaturen erhöht. Das Ganze löst eine fortwährende Kaskade positiver Rückkoppelungen aus, schmelzende Eisflächen reflektieren weniger Wärmestrahlung, was wiederum mehr Eis schmelzen lässt und so weiter und so fort. Dem steht entgegen, dass das Klima im Verlauf der Erdgeschichte immer wieder die Gelegenheit hatte »davonzulaufen« – es aber nicht getan hat. Abrupte Temperaturschwankungen um mehrere Grad gab es immer mal wieder. Auch gab es in der Erdgeschichte Phasen mit zehn- bis zwanzigmal höheren Kohlendioxidkonzentrationen als heute – und gleichzeitig herrschte eine Eiszeit. Es kam auch wiederholt zu Temperatursprüngen um mehrere Grad innerhalb weniger Jahre, ohne dass ein solcher »Runaway-Effekt« eingetreten wäre.

Ist Kohlendioxid ein Schadstoff?
Kohlendioxid ist kein klassischer Schadstoff, sonst müsste man dem Menschen das Atmen verbieten. Er ist selbst eine

Verbrennungsmaschine. Schon wenn er den Brennwert seines Frühstücks umwandelt, emittiert er Kohlendioxid. Wenn sich 100 Menschen in einem vier Meter hohen Raum von 200 Quadratmetern versammeln, dann ist die CO_2-Konzentration in diesem Raum nach einer Stunde etwa zehnmal höher als in der Erdatmosphäre. Gefährlich ist das aber nicht. Wie die Sonne, das Wasser oder der Sauerstoff hält Kohlendioxid den planetaren Kreislauf in Gang und dient zur Ernährung der Pflanzen. In Gewächshäuser wird daher sogar zusätzliches Kohlendioxid hineingeblasen. 97 Prozent der jährlichen Kohlendioxidemissionen entstammen der Natur, etwa drei Prozent aus menschlichen Aktivitäten wie der Verbrennung fossiler Rohstoffe.

Hat die klassische Luftverschmutzung etwas mit der globalen Erwärmung zu tun?
Nach Ansicht der meisten Forscher trägt nicht die Luftverschmutzung zur globalen Erwärmung bei, sondern ihre Beseitigung. Die Emissionen aus Schloten und Auspuffen enthalten kleine Staubpartikel, sogenannte Aerosole, die Strahlung reflektieren und Wolken bilden können. Nach der gegenwärtigen herrschenden Lehrmeinung haben sie insgesamt einen eher kühlenden Effekt: Je höher die Luftverschmutzung, desto größer die Abkühlung. Mit dieser Hypothese wird beispielsweise versucht, die trotz steigendem Kohlendioxid sinkenden Temperaturen von 1940 bis 1970 zu erklären. Die abkühlende Wirkung der Luftverschmutzung habe die erwärmende Wirkung des steigenden Kohlendioxids »maskiert«, also überlagert. Mit Filtern und steigender Luftqualität falle dieser Faktor jetzt mehr und mehr weg und die Temperaturen würden umso schneller

ansteigen. Trifft das zu, dann tragen unsere Luftreinigungs-
maßnahmen paradoxerweise zur globalen Erwärmung bei.
Es gibt allerdings viele Stimmen unter den Klimaforschern,
die diesen Mechanismus für überschätzt halten.

Steigt der Meeresspiegel immer schneller an?
Der Meeresspiegel stieg am Ende der letzten Eiszeit vor etwa
10 000 Jahren rasch, in den vergangenen paar Tausend
Jahren aber nur noch langsam an. Satellitenmessungen er-
geben einen Anstieg von etwa ein bis drei Millimetern pro
Jahr, das wären in 100 Jahren zehn bis 30 Zentimeter. Der
aktuelle UN-Klimabericht hält für diesen Zeitraum einen
Anstieg zwischen 19 und 59 Zentimetern für möglich, der
Höchstwert wurde gegenüber dem Vorbericht um etwa ein
Drittel zurückgenommen.

Dabei kommt der Wärmeausdehnung des Wassers
vermutlich eine größere Rolle zu als zusätzlichem Schmelzwasser. Es gibt Regionen, in denen der Pegel sich etwas
schneller erhöht, in anderen sinkt er. Das deutet darauf hin,
dass natürliche und zyklische Einflüsse eine Ausdehnung
des Wassers infolge der Erwärmung deutlich überlagern.
Die Weltmeere sind keine spiegelglatte Wassermasse, die
lediglich der Krümmung der Erdkugel unterliegt. Weil
Masse und Anziehungskraft der Erde ungleich verteilt sind,
weist die Meeresoberfläche Senken und Höhen mit einem
Unterschied von bis zu 130 Metern auf. Auch Winde und
Strömungen lassen den Meeresspiegel an manchen Orten
steigen und anderen sinken. Nach einer Studie britischer
Forscher von Anfang 2007 ist der Anstieg in der zweiten
Hälfte des vergangenen Jahrhunderts insgesamt geringer
ausgefallen als in den 50 Jahren zuvor.

Versinken die Malediven und die Südseeinseln?

Um den Südseestaat Tuvalu herum, dessen Inseln in den Medien zu einer Ikone des Untergangs geworden sind, ist die durchschnittliche Höhe des Meeresspiegels seit Jahrzehnten nicht angestiegen. Die Malediven wuchsen vor 5000 Jahren auf einem untergetauchten Korallenriff bis über die Wasseroberfläche. Seitdem ist der Meeresspiegel bereits um zweieinhalb Meter gestiegen, ohne dass die Inseln verschwunden wären. Sie wachsen einfach mit. Auch große Mündungsdeltas auf dem Festland heben sich dank angeschwemmter Sedimente vielerorts mit vergleichbarer Geschwindigkeit wie der Meeresspiegel. Deiche und Schutzbauten könnten in vielen Regionen heute schon die Folgen von Überschwemmungen mildern. Die ostfriesische Küstenschutzbehörde geht beispielsweise bei ihren Bauplänen für Deiche und Küstenschutzanlagen traditionell davon aus, dass sich der Meeresspiegel um etwa 25 Zentimeter pro Jahrhundert erhöht.

Schmelzen die Pole?

Die Situation an den Polen ist nicht eindeutig. Am Südpol ist es in den vergangenen Jahrzehnten überwiegend kälter geworden. Wenn von einer Erwärmung die Rede ist, bezieht sich dies in der Regel auf die antarktische Halbinsel. Die macht allerdings nur sieben Prozent der antarktischen Landmasse aus. Am Nordpol ist es hingegen tatsächlich wärmer geworden. Allerdings gibt es sehr große regionale Unterschiede. Der Nordpol besteht aus auf dem Wasser schwimmendem Eis, das den Meeresspiegel beim Schmelzen nicht ansteigen lässt (genauso wenig wie ein Eiswürfel im Wasserglas). Abschmelzende Eismassen auf den Festlandsockeln der Antarktis oder Grönlands würden den Meerespegel aber sehr wohl ansteigen lassen. Diese Eismassen verändern sich derzeit; während das Eis an den Rändern teilweise abnimmt, kommt im Inneren durch Niederschlag neues hinzu. Die Antarktis scheint insgesamt stabil, in Grönland soll zwischen 1993 und 2003 ein Nettoverlust an Eismasse zwischen 50 und 100 Gigatonnen pro Jahr stattgefunden haben. Diese Jahresmenge entspricht grob abgeschätzt einem Fünfzigtausendstel des gesamten Eisschildes. Jüngste Forschungen datieren das Alter des grönländischen Eisschildes auf 130 000 bis eine Million Jahre. Damit scheint nachgewiesen, dass der Eispanzer stabiler ist als vielfach angenommen und mindestens eine Warmzeit überstand, deren Temperaturen um mehrere Grad über den heutigen lagen.

Versiegt der Golfstrom?

Die Wahrscheinlichkeit für ein Versiegen des Golfstromes im 21. Jahrhundert liegt nahe bei null. Die Theorie hinter dem Szenario beruht auf der sogenannten thermohalinen Zirkulation. Warmes Wasser strömt vom Golf kommend nach Norden. Da auf dem Weg dorthin viel Wasser verdunstet, erhöht sich der Salzgehalt, das Wasser wird schwerer. Im Norden sinkt das abgekühlte schwere Wasser in die Tiefe und fließt dann zurück in den Süden. Ein Abschmelzen der Polkappen würde den Ozean mit Süßwasser »verdünnen«, die leichteren Wassermassen könnten nicht mehr in die Tiefe sinken, und das Förderband des Golfstroms käme zum Stillstand. So könnte die globale Erwärmung Europa eine Kaltzeit bescheren, lautet die Hypothese. 2005 glaubte man tatsächlich, eine 30-prozentige

Abschwächung des Strömungsantriebs des Golfstroms festgestellt zu haben – was sich inzwischen als falsch herausgestellt hat. Hinzu kommt: Der Golfstrom wird in erster Linie von dem Windsystem über dem Nordatlantik und von der Erdrotation in Schwung gehalten. Der Ozeanograf Carl Wunsch vom Massachusetts Institute of Technology sagt: »Wer den Golfstrom wirklich zum Stillstand bringen will, muss entweder die Winde abschalten oder die Erde anhalten. Oder beides.«

Dehnen sich die Wüsten immer mehr aus?
Auf 40 Prozent der Landfläche des Planeten ist es gegenüber dem langjährigen Mittel entweder trockener oder feuchter geworden. Es gibt mehr als 100 verschiedene Definitionen für den Begriff »Verwüstung«. Je nachdem, welche man wählt, kommen verschiedene Aussagen heraus. Es liegen aber auch kaum quantitative Daten vor, die Aussagen über einen globalen Trend erlauben würden. Es gibt Wüsten, die sich ausdehnen, und solche, die schrumpfen. Auswertungen von Satellitenbildern und Niederschlagsmessungen zeigen beispielsweise, dass im Sahel südlich der Sahara das fruchtbare Land zunimmt und die vegetationslose Fläche auf dem Rückzug ist. Die Ausdehnung von Wüsten muss ihre Ursachen nicht unbedingt in Klimaveränderungen haben. Abholzung, Überweidung und falsche landwirtschaftliche Methoden können genauso ausschlaggebend sein. In Afrika wird nach Angaben der UN über die Hälfte der Bodenerosion auf Überweidung zurückgeführt. Der erhöhte Kohlendioxidgehalt der Luft fördert das Pflanzenwachstum, insbesondere auf der Nordhalbkugel. Satellitenbilder dokumentieren, wie sich die Wälder ausdehnen.

Schmelzen die Gletscher?

In den Alpen nehmen die Gletscher ab – wie fast überall auf der Welt. Prinzipiell ist es schwierig, eine Abgrenzung zwischen natürlichen Zyklen und einem menschengemachten Klimawandel als Ursache vorzunehmen. In den Schweizer Zentralalpen gab es in den vergangenen 10 000 Jahren acht ähnliche Rückzugsphasen, teilweise über den heutigen Stand hinaus. In den Geröllhalden finden sich Zeugnisse früherer Vegetation und Zivilisation.

Es gibt aber auch Ausnahmen. So scheinen nach einer Untersuchung französischer und schweizer Forscher die höchsten Eisfelder des Mont Blanc in den vergangenen 100 Jahren nicht vom Klimawandel betroffen zu sein. Einige in Meeresnähe gelegene Gletscher Norwegens und Neuseelands scheinen sogar zu profitieren: Mehr Niederschlag und Schnee lässt sie wachsen. Die berühmte Eiskappe des Kilimandscharo schrumpft hingegen aufgrund regionaler Besonderheiten. Abholzungen am Fuß des Berges verringern die Verdunstung und den Niederschlag, hinzu kommen regionale Wetteränderungen. Die Temperaturen am Kilimandscharo sind hingegen weitgehend unverändert.

Wird es immer stürmischer?

Die globale Erwärmung verringert die Temperaturunterschiede zwischen den Polen und dem Äquator. Je größer dieser Gegensatz ist, desto höher ist die Wahrscheinlichkeit, dass Stürme entstehen. Von der Theorie her sollte eine globale Erwärmung daher eher zu einer Verringerung der Sturmhäufigkeit führen. Die Statistiken der vergangenen Jahrzehnte lassen keinen eindeutigen Trend in die ein oder andere Richtung erkennen. Das gilt auch für die Stärke der Stürme, die nach Ansicht einiger Wissenschaftler durch mehr Wasserdampf in der Atmosphäre entstehen könnten.

Gibt es immer mehr Naturkatastrophen?
Für diese Behauptung gibt es keine eindeutige Datenlage. Beispielsweise ist nicht klar, ob extreme Wetterereignisse zugenommen haben – oder nur die Aufmerksamkeit für diese. Richtig ist, dass die materiellen Schäden immer mehr zunehmen. Das liegt aber vor allem daran, dass immer mehr Menschen in gefährdeten Gebieten siedeln – beispielsweise an den Küsten. Auch haben sie durch wachsenden Wohlstand immer mehr Hab und Gut. Und sie sind immer häufiger versichert. Viel wichtiger aber ist eine andere Entwicklung: Die Zahl der bei Stürmen, Hochwassern und anderen klimabedingten Katastrophen getöteten Menschen ist seit Beginn des 20. Jahrhunderts stark rückläufig. Trotz steigender Temperaturen ist das Leben für die Menschen sicherer geworden.

Trifft eine Klimaveränderung die armen Länder am meisten?
Dafür müsste man wissen, welche Länder in 50 oder 100 Jahren zu den armen Ländern gehören. Vor 30 Jahren wurden den Ländern Südostasiens noch massenhafte Hungersnöte vorausgesagt, heute sind sie zu unseren Konkurrenten auf dem Weltmarkt geworden. Prinzipiell ist es richtig, dass sich arme Menschen schlechter gegen Naturgewalten schützen können als reiche. Entwicklung, Fortschritt und mehr Wohlstand sind daher die beste Versicherung gegen Klimarisiken.

Breiten sich Tropenkrankheiten bei uns aus?

Die Ausbreitung von Krankheiten wie Malaria hat mit den herrschenden Temperaturen wenig zu tun. Malaria forderte in den vergangenen Jahrhunderten von den Tropen bis nach Russland und zum Polarkreis ihre Opfer – und dies in kälteren Zeiten als heute. Holland wurde 1970 als letztes europäisches Land malariafrei. Die Ursachen für die Ausbreitung der Anopheles-Mücke liegen unter anderem im Abholzen von Wäldern, Anlegen von neuen Reisfeldern und dem Verbot des Bekämpfungsmittels DDT. Malaria wird weniger durch die Temperatur begünstigt als durch mangelnde Möglichkeiten der Bevölkerung, sich vor den Stechmücken zu schützen. Dazu gehören Spritzmittel, die Beseitigung offener Tümpel, Kanalisation und feste Häuser mit Moskitogittern. Ähnliches gilt für das Dengue-Fieber: Während es im Süden der USA nur vereinzelte Fälle gibt, geht deren Zahl in den angrenzenden mexikanischen Staaten in die Hunderttausende. Die Ausbreitung von Krankheiten wie Malaria und Dengue-Fieber hängt heute weniger mit den Temperaturen als vielmehr mit Armut und den Lebensumständen zusammen.

Sterben die Eisbären aus?

Naturschutzexperten haben erst in den vierziger Jahren angefangen, sich für den Stand der Tiere zu interessieren. Um den Gesamtbestand eines Wildtieres zu ermitteln, werden in abgegrenzten Gebieten Stichproben erstellt, die man dann hochrechnet. Sie lauten: Jahr 1950: 5000 Tiere. Jahr 2005: 20 000 bis 25 000 Tiere. Sollte es weiter wärmer werden, wäre dies für die Eisbären vermutlich auch kein großes Problem. In den Sommermonaten leben viele Eisbären in der schnee- und eisfreien Tundra und kommen dort auch gut zurecht. In der letzten Zwischeneiszeit vor 10 000 bis 15 000 Jahren waren die Temperaturen in der Arktis erheblich höher als heute, auch in der mittelalterlichen Warmzeit war das Nordmeer zu einem guten Teil eisfrei. Der Eisbär hatte sich damit offenbar arrangiert, schließlich ist er nicht erst vor kurzem vom Himmel gefallen.

Verursacht die globale Erwärmung ein Artensterben?
Dass wärmere Temperaturen zu einem Rückgang der Artenvielfalt führen, ist keine sonderlich plausible Prognose. Zwei einfache Befunde sprechen dagegen. Erstens nimmt die Artenvielfalt der Erde zum Äquator hin immer mehr zu. Die geringste Artenvielfalt herrscht an den Polen und in der Kälte der Hochgebirge, die höchste im tropischen Regenwald. Und zweitens waren die Warmzeiten der Erdgeschichte immer die artenreichsten, während in den Eiszeiten die Vielfalt abnahm. Artenverluste in beträchtlichem Umfang hatten die Kaltzeiten (Glaziale) des Eiszeitalters (Pleistozän) gebracht – und nicht die Warmzeiten dazwischen. Nach Ansicht vieler Biologen wird es in nächster Zukunft vielmehr an der Erhaltung hinreichend großer Flächen der artenreichen Tropenräume liegen, ob überhaupt und wenn ja, in welchem Umfang global Biodiversität verloren geht.

Kann es auch wieder kälter werden?
Kein einziges der gegenwärtigen Klimamodelle hält eine solche Entwicklung für möglich. Einige Klimaforscher sehen dies durchaus mit gemischten Gefühlen. Eine Abkühlung scheint derzeit zwar nicht sehr wahrscheinlich. Sollte es dennoch dazu kommen, würde dies die aktuelle

Klimaforschung in eine große Glaubwürdigkeitskrise stürzen. Auszuschließen ist das nicht. So haben sich die Ozeane zwischen 2003 und 2005 überraschenderweise nicht weiter erwärmt, was aber auch mit zyklischen Schwankungen zu tun haben kann. In den vergangenen Jahren erschienen in anerkannten wissenschaftlichen Fachzeitschriften einige Studien von Astrophysikern, die in den nächsten Jahrzehnten mit dem Beginn einer Abkühlung aufgrund solarer Einflüsse rechnen.

Wie verlässlich sind Klimamodelle?

Auch die ausgefeiltesten Computermodelle sind grobe Vereinfachungen des Klimageschehens. Die Wissenschaft kann durch den Gebrauch dieser Modelle grundsätzliche Klimatrends abtesten. Man könnte das Verfahren auch als »Wenn-dann-Studien« bezeichnen. Wenn Einflussgrößen wie Temperatur oder Verdunstung im Modell verändert werden, dann verändert sich das Klimageschehen in diese oder jene Richtung. Verschiedene Modelle kommen dabei jedoch zu verschiedenen Ergebnissen. Das Problem: Selbst fundamentale Klimafaktoren wie die Wolkenbildung sind kaum verstanden und können nicht simuliert werden. Es gelingt auch nur nach umfangreichen Anpassungen und Korrekturen, das heutige Klima oder das der Vergangenheit einigermaßen realistisch zu errechnen. Klimamodelle sind ein wertvolles Handwerkszeug für die Wissenschaft, denn es gibt keine andere Methode, solche komplexen Vorgänge nachzuvollziehen. Eine zuverlässige Vorhersage des tatsächlichen Klimas in 50 oder 100 Jahren ist jedoch nicht möglich. Die Wissenschaft spricht deshalb meist von »Szenarien« und nicht von »Prognosen«.

Was bewirkt das Kioto-Protokoll?

Das Kioto-Protokoll hat zwar einen großen symbolischen, aber fast keinen praktischen Einfluss auf das Klimageschehen. Die Unterzeichner haben vereinbart, ihre Treibhausgas-Emissionen bis 2012 um fünf Prozent unter den Wert von 1990 zu reduzieren. Wenn sich tatsächlich alle Industrieländer (inklusive den USA) an das Regulierungswerk halten würden, ergäbe sich für das Jahr 2050 eine Verminderung des Temperaturanstiegs um wenige Hundertstel Grad. Dies liegt unterhalb der praktischen Nachweisbarkeit. Hinzu kommt, dass viele der Unterzeichner die eingegangenen Verpflichtungen nicht einhalten. In Europa liegen Länder wie Irland, Österreich oder Spanien weit über den zugesagten Reduktionszielen.

Worum geht es im Klimastreit zwischen den USA und Europa?

Im Wesentlichen geht es um zwei Punkte. Die USA sehen keinen Sinn darin, ein Klimaabkommen zu unterschreiben, das nicht alle großen Kohlendioxidemittenden einschließt. Eine einseitige »Abrüstung« bringe nichts, wenn gleichzeitig in Indien oder China im Wochentakt neue Kohlekraftwerke errichtet würden. Die Emissionen würden global nicht verringert, sondern lediglich verlagert. Der Kohlendioxidausstoß würde in die Länder mit niedrigeren Kosten abwandern – mitsamt den Arbeitsplätzen. Zweiter Streitpunkt: Die Europäer wollen fest vereinbarte Obergrenzen für den Treibhausgasausstoß. Die Amerikaner wollen dies nicht, sondern würden die dafür notwendigen Mittel (es geht um einige Hundert Milliarden Dollar) lieber direkt in Forschung und Entwicklung stecken. Die Technik sei einfach noch nicht so weit, um den Treibhausgasausstoß im erforderlichen Maße zu verringern. Folglich müsse mit großen wirtschaftlichen Einbußen gerechnet werden. Mit fortschreitender Technik seien die Reduktionsziele dann zwar etwas später, dafür aber günstiger und umso schneller zu erzielen. Mit diesen neuen Techniken würden auch nachholende Schwellenländer für den Klimaschutz gewonnen werden können.

Ist der Klimawandel das größte Problem der Menschheit?
Das kommt ganz auf die Perspektive an. Weltweit leiden 500 Millionen Menschen an Malaria, alle 30 Sekunden stirbt jemand daran. Für diese Menschen ist der Klimawandel das geringere Problem. Vier Millionen Menschen verhungern jährlich, drei Millionen sterben an HIV/Aids. Milliarden haben keinen Zugang zu sauberem Trinkwasser. Durchfallserkrankungen gehören zu den häufigsten Todesursachen für Kinder in den armen Ländern. All diese Probleme erfordern auch unsere Aufmerksamkeit. Es gibt eine ganze Reihe ernst zu nehmender Stimmen, die hier die Prioritäten gesetzt sehen wollen. Da man schon nicht alle Probleme auf einmal lösen könne, argumentieren sie, solle man das jeweils am meisten Drängende anpacken. Ähnlich wird auch in der Medizin verfahren. Bei einer lebensbedrohlichen Erkrankung muss zunächst das Leben des Patienten gerettet werden; um mögliche Nebenwirkungen der Behandlung oder der Medikamente kümmert man sich später, wenn sie auftreten.

Können wir den Klimawandel vermeiden, oder sollen wir uns anpassen?
Vermeiden könnten wir allenfalls den Einfluss des Menschen. Das heißt aber im Umkehrschluss nicht, dass das Klima dann so bleibt, wie es ist. Es wird sich auch weiterhin

wandeln, weil es das immer getan hat. Anpassungsmaß-
nahmen sind also in jedem Fall sinnvoll, egal warum das
Klima sich ändert. Stabilere Häuser, höhere Deiche und
bessere Vorwarnsysteme können Menschen in besonders
gefährdeten Regionen heute schon mehr Sicherheit bringen
und nicht erst in ferner Zukunft. Ein weiterer Anstieg der
Emissionen von Kohlendioxid ist für die nächsten Jahrzehnte so gut wie sicher. Dies schon deshalb, weil die nach-
holenden Länder mehr Wohlstand für ihre Bevölkerung
schaffen wollen – und das funktioniert nur mit preiswerter
Energie. Allein in China schrumpfte in den vergangenen
25 Jahren die Zahl der Armen, die täglich nicht mehr als
zwei Dollar zur Verfügung haben, von 260 Millionen auf
42 Millionen. Der Zielkonflikt zwischen wirtschaftlicher
Entwicklung und Treibhausgasausstoß wird sich nur mit
neuen Technologien lösen lassen. Das Beste, was Europa
für das Klima tun kann, ist die Entwicklung dieser Technologien. Das wird nur mit einer gegenüber dem technischen
und wissenschaftlichen Fortschritt aufgeschlossenen Einstellung gelingen. Der Anteil der Europäer am Weltausstoß
von Treibhausgasen wird für das 21. Jahrhundert auf unter
zehn Prozent geschätzt. Durch Einschränkung wegsparen
kann Europa den Klimawandel also nicht. Ein sorgsamer
Umgang mit unseren natürlichen Ressourcen ist allerdings
auch aus vielen anderen Gründen sinnvoll.

Wer ist wer?
25 bekannte Wissenschaftler in der Klimadebatte

John Christy, Atmosphärenwissenschaftler und Direktor des Earth System Science Center an der Universität von Alabama. Der Experte für Temperaturmessungen mit Satelliten war 2001 einer der IPCC-Autoren. Er sagt: »Ich habe oft hören müssen, es gäbe einen Konsens Tausender Wissenschaftler über die globale Erwärmung, dass die Menschheit eine katastrophale Veränderung im Klimageschehen verursacht. Nun, ich bin ein Wissenschaftler, und es gibt viele, die denken, dass das nicht stimmt.«

Hartmut Graßl, Meteorologe und langjähriger Leiter des Max-Planck-Instituts für Meteorologie in Hamburg. Trat früh mit Warnungen an die Öffentlichkeit und machte die Klimadebatte in Deutschland bekannt. Zeitweise Direktor des Weltklimaforschungsprogramms und einflussreicher Funktionär bei den Kioto-Verhandlungen. Klimaberater des bayerischen Ministerpräsidenten.

James E. Hansen, Atmosphärenphysiker. Direktor des Nasa Goddard Institute for Space Studies. Einer der einflussreichsten amerikanischen Vertreter der These einer vom Menschen gemachten Erderwärmung. Brachte die Klimadebatte im heißen Sommer 1988 mit einer Anhörung vor dem amerikanischen Kongress in Fahrt.

Klaus Hasselmann, emeritierter Meteorologe und Ozeanologe und Gründungsdirektor des Max-Planck-Instituts für Meteorologie in Hamburg. Einer der Väter der Klimamodellierung in Deutschland, der sich schon Mitte der neunziger Jahre des vorigen Jahrhunderts fast sicher war, den eindeutigen Fingerabdruck des Menschen bei der globalen Erwärmung identifiziert zu haben.

David King, Chemiker und Chef-Wissenschaftsberater der britischen Regierung. Einflussreicher Wissenschaftsfunktionär, der für drastische Treibhausgasreduktionen plädiert und eine klare politische Agenda hat.

Chris Landsea, Meteorologe am National Hurrican Center der USA. Er hält Aussagen, dass die Hurrikanhäufigkeit oder -stärke durch die globale Erwärmung zugenommen habe, für verfrüht und nicht belegt.

Mojib Latif, Ozeanograf am Leibnitz-Institut für Meereswissenschaften der Universität Kiel. Warnt laut vor der globalen Erwärmung. Bei Fernsehsendern und Medien ist er einer der am meisten gefragten deutschen Klimawissenschaftler.

Marcel Leroux, französischer Klimatologe und emeritierter Professor an der Universität von Lyon. Hält die Rolle des Kohlendioxids für weit überschätzt und wirft der modernen Klimawissenschaft vor, sie sei auf Computermodelle fixiert und vernachlässige die Beobachtung der tatsächlichen Vorgänge in der Natur. Führt den gegenwärtigen Wandel auf natürliche Faktoren zurück. Charakteristische Veränderungen der globalen Luftzirkulation würden langfristig sogar auf eine kommende Eiszeit hindeuten.

Richard S. Lindzen, Atmosphärenphysiker und Meteorologe am MIT. Enfant terrible unter den etablierten Klimaforschern. Hält die Rolle des Kohlendioxids bei der gegenwärtigen Erwärmung für weit überschätzt. Häufig in den Medien.

Augusto Mangini, Paläoklimatologe und Leiter der Forschungsstelle Radiometrie der Heidelberger Akademie der Wissenschaften. Er hält den paläoklimatischen Teil des IPCC-Berichtes für falsch. Anhand von in Tropfsteinhöhlen gewonnenen Daten ließe sich nachweisen, dass es in den vergangenen zehntausend Jahren bereits genauso schnelle Klimawandel gegeben habe wie heute.

Michael Mann, Paläoklimatologe an der Pennsylvania State University. Vater der berühmten »Hockeyschläger-Rekonstruktion« und Leitautor des entsprechenden Kapitels im Weltklimabericht von 2001. Die Kurve zeigt für die vergangenen tausend Jahre mehr oder weniger gleichbleibende Temperaturen, die erst in heutiger Zeit steil nach oben schießen. Die Rekonstruktion ist sehr umstritten und gilt als methodisch fehlerhaft.

Heinrich Miller, Geophysiker und stellvertretender Leiter des Alfred-Wegener-Instituts für Polar- und Meeresforschung in Bremerhaven. Er arbeitet am Klimareport des IPCC mit, warnt aber vor Übertreibungen und Alarmismus: »Bis das Grönlandeis schmilzt, vergehen mehr als 1000 Jahre.«

Rajendra Kumar Pachauri, indischer Ingenieur und Ökonom, Leiter des Weltklimarates IPCC (Intergovernmental Panel on Climate Change). Pachauri versteht sein Amt nicht als reine Wissenschaftsberatung, sondern tritt häufig mit politischen Parteinahmen und Forderungen an die Öffentlichkeit.

Stefan Rahmstorf, Ozeanograf am Potsdam-Institut für Klimafolgenforschung. Koautor des IPCC-Berichtes 2007 und Mitglied im Wissenschaftlichen Beirat der Bundesregierung Globale Umweltfragen. Einer der bekanntesten deutschen Klimaforscher und Vertreter der IPCC-Positionen.

Paul Reiter, medizinischer Entomologe (Insektenforscher) am Institut Pasteur in Paris. Wendet sich gegen die Behauptung, die Klimaerwärmung sei verantwortlich für die Ausbreitung von durch Moskitos übertragene Krankheiten wie Malaria. Die Temperatur spiele für deren Verbreitung eine untergeordnete Rolle. Anderslautende Expertisen auch des IPCC stammten von in diesem Fachgebiet nicht ausreichend qualifizierten Wissenschaftlern. Sie richten seiner Meinung nach großen Schaden an, weil sie von den wahren Ursachen (wie Armut und Lebensumstände) ablenkten.

Josef H. Reichholf, Evolutionsbiologe an der zoologischen Staatssammlung in München. Er betrachtet den Klimawandel als Normalfall, wobei kalte Zeiten stets problematischer gewesen seien als warme. Prognosen, die ein großes Artensterben aufgrund des Klimawandels vorhersagen, hält er für nicht haltbar.

Hans Joachim Schellnhuber, Physiker, Direktor des Potsdam-Instituts für Klimafolgenforschung und Klimaberater der Bundesregierung. Einer der einflussreichsten deutschen Wissenschaftsfunktionäre, Inhaber zahlreicher Ämter und Mitglied vieler Institutionen. Sagt über den Klimawandel: »Die Indizienaufnahme ist abgeschlossen, der Täter ist identifiziert.«

Stephen Schneider, Physiker an der Stanford University. Schneider prophezeite in den siebziger Jahren des vorigen Jahrhunderts eine kommende Eiszeit. Heute ist er einer der engagiertesten Warner vor der globalen Erwärmung. Von ihm stammt der Satz: »Um die öffentliche Aufmerksamkeit zu erringen, müssen wir erschreckende Szenarien entwerfen und mit vereinfachten und dramatischen Stellungnahmen in die Offensive gehen. Jeder von uns muss die richtige Balance dazwischen finden, effektiv zu sein und ehrlich zu sein.«

Christian Schönwiese, Meteorologe am Institut für Atmosphäre und Umwelt der Universität Frankfurt. Beschäftigt sich vornehmlich mit der empirisch-statistischen Analyse der jüngeren Klimageschichte und glaubt den Indizienbeweis erbracht zu haben, dass in erster Linie der Mensch für die gegenwärtige Klimaerwärmung verantwortlich ist. Schönwiese stützt sich dabei auf die statistischen Auswertungen von Beobachtungen.

Nir Shaviv, israelischer Astrophysiker an der Universität Jerusalem. Glaubt an einen sehr starken Einfluss der kosmischen Strahlung auch auf unser heutiges Klima und hat durch seine Studien (unter anderem gemeinsam mit dem Geowissenschaftler Jan Veizer) viel öffentliches Aufsehen erregt.

Fred Singer, amerikanischer Physiker und emeritierter Professor der Universität von Virginia. Glaubt, dass natürliche Effekte bei der globalen Erwärmung die weitaus größte Rolle spielen. Viele Auftritte in den Medien und bei Veranstaltungen.

Nicholas Stern, Ökonom und Leiter des volkswirtschaftlichen Dienstes der britischen Regierung. Von ihm stammt der 650 Seiten starke »Stern-Report« über die ökonomischen Folgen des Klimawandels, die mehr Kosten verursachen würden als die beiden Weltkriege.

Hans von Storch, Meteorologe und Leiter des Instituts für Küstenforschung am GKSS Forschungszentrum in Geesthacht. Ist fest von der globalen Erwärmung durch den anthropogenen Einfluss überzeugt, stimmt aber in zahlreichen Einzelfragen nicht mit den derzeit vorherrschenden Meinungen überein. Hans von Storch warnt vor Panikmache und plädiert für ein sehr starkes Augenmerk auf die Anpassung an einen unvermeidlichen Klimawandel.

Henrik Svensmark, dänischer Physiker am Danish National Space Centre (DNSC). Fand auffällige Korrelationen zwischen Wolkenbildung und kosmischer Strahlung und hat einen experimentellen Nachweis für den Wirkungsmechanismus erbracht.

Jan Veizer, emeritierter Geowissenschaftler der Universitäten von Ottawa und Bochum. Glaubt, dass das irdische Klima vom großen Wasserkreislauf und nicht vom kleinen Kohlenstoffkreislauf dominiert wird. Taktgeber ist seiner Meinung nach die kosmische Strahlung über die Wolkenbildung.